NEGRITUDE
Usos e sentidos

NEGRITUDE
Usos e sentidos

Kabengele Munanga

4ª edição
4ª reimpressão

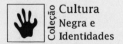

Copyright © 2009 Kabengele Munanga
Copyright © 2009 Autêntica Editora

Todos os direitos reservados pela Autêntica Editora. Nenhuma parte desta publicação poderá ser reproduzida, seja por meios mecânicos, eletrônicos, seja via cópia xerográfica, sem a autorização prévia da Editora.

COORDENADORA DA COLEÇÃO
CULTURA NEGRA E IDENTIDADES
Nilma Lino Gomes

CONSELHO EDITORIAL
Marta Araújo (Universidade de Coimbra);
Petronilha Beatriz Gonçalves e Silva (UFSCAR);
Renato Emerson dos Santos (UERJ); *Maria Nazareth Soares Fonseca* (PUC Minas); *Kabengele Munanga* (USP)

EDITORAS RESPONSÁVEIS
Rejane Dias
Cecília Martins

CAPA
Alberto Bittencourt

REVISÃO
Dila Bragança de Mendonça
Samira Vilela

DIAGRAMAÇÃO
Camila Sthefane Guimarães

Dados Internacionais de Catalogação na Publicação (CIP)
(Câmara Brasileira do Livro, SP, Brasil)

Munanga, Kabengele
　　Negritude : usos e sentidos / Kabengele Munanga. – 4. ed. 4.reimp. – Belo Horizonte : Autêntica Editora, 2025. – (Coleção Cultura Negra e Identidades)

　　Bibliografia.
　　ISBN 978-85-513-0651-2

　　1. Negros 2. Preconceitos 3. Racismo 4. Relações raciais
I. Título. II. Série.

09-01138　　　　　　　　　　　　　　　　　　　　　　　CDD-305.8

　　　　　　　　Índices para catálogo sistemático:
　　　　　　　　1. Negros : Identidade social 305.8

Belo Horizonte
Rua Carlos Turner, 420
Silveira . 31140-520
Belo Horizonte . MG
Tel.: (55 31) 3465 4500

São Paulo
Av. Paulista, 2.073 . Conjunto Nacional
Horsa I . Salas 404-406 . Bela Vista
01311-940 . São Paulo . SP
Tel.: (55 11) 3034 4468

www.grupoautentica.com.br
SAC: atendimentoleitor@grupoautentica.com.br

SUMÁRIO

7   Apresentação

11   Introdução
      Negritude e identidade negra no Brasil atual
      Negritude na atualidade diasporana

21   **Condições históricas**
      Características
      A sociedade colonial
      A sociedade colonizada
      Discursos pseudojustificativos

35   **Tentativas de assimilação dos valores culturais do branco**

41   **O negro recusa a assimilação**
      Nos Estados Unidos
      Na Europa
      No Quartier Latin
      Objetivos da negritude

55   **Diferentes acepções e rumos da negritude**
      Caráter biológico ou racial
      Conceito sociocultural de classe
      Caráter psicológico
      Definição cultural

59 **Críticas**
    A questão da unidade
    A eficácia
    Negritude, apenas um problema do intelectual
    Originalidade e negritude

77 **Vocabulário crítico**

83 Referências

85 Bibliografia comentada

Apresentação

Aqueles que acompanham a história, a militância, a obra e a trajetória do antropólogo e professor Dr. Kabengele Munanga saberão quão desafiadora é a tarefa de apresentar um livro de sua autoria. Ainda mais um livro lido por várias gerações de intelectuais que se dedicam ao estudo da realidade racial, cultural, histórica e política brasileira e africana.

Nascido na República Democrática do Congo (antigo Zaire) e naturalizado brasileiro aos 43 anos, Kabengele Munanga é professor titular do Departamento de Antropologia da USP. Sua história é marcada pela experiência de quem viveu muito de perto uma realidade de luta e opressão no próprio país de origem e enfrentou a experiência da diáspora. Podemos dizer que a negritude e os processos de construção da identidade negra se fazem presentes na própria biografia do autor.

Há muito se faz necessário o relançamento do livro *Negritude: usos e sentidos*, leitura imprescindível a todos que se interessam e estudam a história e a cultura africanas e as relações raciais no Brasil e na diáspora. O momento não poderia ser mais oportuno: a sociedade brasileira do terceiro milênio, na qual a questão racial ocupa outro lugar – não menos tenso – nos debates políticos, jurídicos e acadêmicos por meio da discussão e da implementação de experiências concretas de ações afirmativas.

O professor Kabengele tem sido referência, motivo de orgulho e reconhecimento para todos nós. Por isso, a reedição deste livro, além da urgência já destacada, deve também ser lida como uma homenagem à sua competente, dedicada e sensível presença no cenário acadêmico e político brasileiro, sempre contribuindo para o desvelamento do racismo, impulsionando ações antirracistas, acolhendo e orientando estudantes jovens e adultos, negros e brancos, que também aceitam o desafio de discutir teoricamente as questões afro-brasileira e africana sem perder o engajamento político.

Ao tematizar a negritude, o autor discute que talvez a perspectiva mais viável para compreender a complexidade do tema seria situá-la e colocá-la dentro do movimento histórico, apontando seus lugares de emergência e seus contextos de desenvolvimento.

No entanto, isso só não basta. Ele nos alerta para o fato de que há que se mexer em algo mais estrutural, mais denso e mais profundo e afirma: "se historicamente a negritude é, sem dúvida, uma reação racial negra a uma agressão racial branca, não poderíamos entendê-la e cercá-la sem aproximá-la com o racismo do qual é consequência e resultado".

O racismo imprime marcas negativas em todas as pessoas, de qualquer pertencimento étnico-racial, e é muito mais duro com aqueles que são suas vítimas diretas. Abala os processos identitários. Por isso a reação antirracista precisa ser incisiva. Para se contrapor ao racismo faz-se necessária a construção de estratégias, práticas, movimentos e políticas antirracistas concretas. É importante, também, uma releitura histórica, sociológica, antropológica e pedagógica que compreenda, valorize e reconheça a humanidade, o potencial emancipatório e contestador do povo negro no Brasil e a nossa ascendência africana.

A edição que agora vem a público traz novidades. Nesta, o autor atualiza o debate sobre negritude e insere mais um capítulo no qual discute os limites e os desafios da construção da identidade negra na diáspora.

O autor entende que essa identidade possui uma diversidade contextual, que por isso não pode ser tratada e analisada de forma fechada. Para tal, considera algumas questões tidas como componentes essenciais na construção de uma identidade ou de uma personalidade coletiva, a saber: o fator histórico, o fator linguístico e o fator psicológico. Essas questões reforçam a necessária discussão crítica, política e contextualizada da identidade negra. Reforçam também a vitalidade do conceito de negritude no mundo atual.

É importante considerar que negritude e identidade negra, embora estejam relacionadas com a cor da pele negra e às leituras que sobre esta recaem ou lhe são impostas, não são essencialmente de ordem biológica. Elas colocam em diálogo algo mais profundo que atravessa a história dos povos africanos e da diáspora tornando-se um ponto comum: o fato de terem sido na história "vítimas das piores tentativas de desumanização e de terem sido suas culturas não apenas objeto de políticas sistemáticas de destruição, mas, mais do que isso, de ter sido simplesmente negada a existência dessas culturas". Por isso a luta contra o racismo e as desigualdades raciais, assim como a afirmação da identidade negra, são processos complexos, desafiadores e que precisam ser desenvolvidos de forma enfática, persistente e contundente.

Nesse processo, há também outros pontos em comum. Um deles é a tomada de consciência, a afirmação e a construção de uma solidariedade entre as vítimas do próprio racismo, possibilitando uma reabilitação dos valores das civilizações destruídas e de culturas negadas. Questões que estão no cerne da negritude como conceito e movimento. Questões que atravessam as muitas e diversas experiências de construção da identidade negra no Brasil e na diáspora africana.

Nilma Lino Gomes

Introdução

Negritude e identidade negra no Brasil atual

A identidade negra no Brasil de hoje se tornou essa realidade da qual se fala tanto, mas sem definir no fundo o que ela é ou em que ela consiste. A identidade objetiva apresentada através das características culturais, linguísticas e outras descritas pelos estudiosos muitas vezes é confundida com a identidade subjetiva, que é a maneira como o próprio grupo se define e ou é definido pelos grupos vizinhos. Nem sempre está claro quando se fala de identidade: identidade atribuída pelos estudiosos através de critérios objetivos, identidade como categoria de autodefinição ou autoatribuição do próprio grupo, identidade atribuída ao grupo pelo grupo vizinho?

Se o processo de construção da identidade nasce a partir da tomada de consciência das diferenças entre "nós" e "outros", não creio que o grau dessa consciência seja idêntico entre todos os negros, considerando que todos vivem em contextos socioculturais diferenciados. Partindo desse pressuposto, não podemos confirmar a existência de uma comunidade identitária cultural entre grupos de negros que vivem em comunidades religiosas diferentes, por exemplo, os que vivem em comunidades de terreiros de candomblé, de evangélicos ou de católicos, etc. em comparação com a comunidade negra militante, altamente politizada sobre a questão do racismo, ou com as comunidades remanescentes dos quilombos.

Talvez seja necessário para mostrar essa diversidade contextual, considerar alguns fatores tidos como componentes essenciais na construção de uma identidade ou de uma personalidade coletiva, a saber: o fator histórico, o fator linguístico e o fator psicológico. A identidade cultural perfeita corresponderia à presença simultânea desses três componentes no grupo ou no indivíduo. Mas isso seria um caso ideal, pois na realidade encontram-se todas as transições desde o caso ideal até o caso extremo da crise de identidade pelas atenuações nos três fatores distintivos. As combinações específicas desses fatores oferecem todos os casos possíveis, individuais e coletivos. Enquanto um fator interage plenamente, outro tem um efeito muito fraco ou mesmo nulo. Como aconteceu com a perda da língua materna na diáspora.

Poder-se-á perguntar qual dos três fatores é mais importante, ou seja, qual entre eles seria suficiente para caracterizar a personalidade cultural na ausência dos outros dois. Vamos examinar a importância relativa de cada um deles:

1º) O fator histórico parece o mais importante, na medida em que constitui o cimento cultural que une os elementos diversos de um povo através do sentimento de continuidade histórica vivido pelo conjunto de sua coletividade. O essencial para cada povo é reencontrar o fio condutor que o liga a seu passado ancestral o mais longínquo possível. A consciência histórica, pelo sentimento de coesão que ela cria, constitui uma relação de segurança a mais certa e a mais sólida para o povo. É a razão pela qual cada povo faz esforço para conhecer sua verdadeira história e transmiti-la às futuras gerações. Também é a razão pela qual o afastamento e a destruição da consciência histórica eram uma das estratégias utilizadas pela escravidão e pela colonização para destruir a memória coletiva dos escravizados e colonizados.

Sem negar a comunidade do passado histórico de todos os negros da diáspora, acredito que a consciência que se tem desse passado é relativamente diferente entre as categorias acima referidas. Parece-me que a consciência histórica é mais forte nas comunidades de base religiosa, por exemplo, nos terreiros de candomblé, graças justamente aos mitos de origem ou de fundação conservados pela oralidade e atualizados através de ritos e outras práticas religiosas. A questão da busca ou da crise da identidade não se colocaria nesse contexto. Nas bases populares negras sem vínculos com as comunidades religiosas de matriz africana, a consciência histórica e, consequentemente, a identidade se diluiriam nas questões de sobrevivência que toma o passo sobre o resto e pode desembocar num outro tipo de identidade: a da consciência do oprimido economicamente e discriminado racialmente. Na militância negra há uma tomada de consciência aguda da perda da história e, consequentemente, a busca simbólica de uma África idealizada.

2º) Quanto ao fator linguístico, não podemos dizer que a crise foi total, pois nos terreiros religiosos persiste uma linguagem esotérica que serve de comunicação entre os humanos e os deuses (orixás, inquices) que continua a ser um fator de identidade. Nas outras categorias foram criadas outras formas de linguagem ou comunicação como estilos de cabelos, penteados e estilos musicais que são marcas de identidade. Algumas comunidades rurais negras isoladas teriam conservado estruturas linguísticas africanas enriquecidas com vocábulos e expressões de língua portuguesa.

3º) O fator psicológico, entre outros, nos leva a nos perguntar se o temperamento do negro é diferente do temperamento do branco e se podemos considerá-lo como marca de sua identidade. Tal diferença, se existir, deve ser explicada a partir, notadamente, do condicionamento histórico do negro e de suas estruturas sociais comunitárias, e não com base nas diferenças biológicas como pensariam os racialistas.

Poder-se-á dizer, em última instância, que a identidade de um grupo funciona como uma ideologia na medida em que permite a seus membros se definir em contraposição aos membros de outros grupos para reforçar a solidariedade existente entre eles, visando a conservação do grupo como entidade distinta. Mas pode também haver manipulação da consciência identitária por uma ideologia dominante quando considera a busca da identidade como um desejo separatista. Essa manipulação pode tomar a direção de uma folclorização pigmentada despojada de reivindicação política.

Voltando à questão da pluralidade de contextos, a confusão persiste quando estudiosos e militantes falam da construção da identidade negra. De que identidade se trata? Dessa identidade mítico-religiosa conservada nos terreiros religiosos? Da identidade do grupo oprimido que vacila entre a consciência de classe e a de raça? Ou da identidade política de uma "raça" afastada de sua participação política na sociedade que ajudou a construir? Esta última, ainda em formação, que caracteriza a tomada de consciência da jovem elite negra politicamente mobilizada, me parece a mais problemática de todas. Nela se misturam os critérios ideológicos, culturais e raciais. Nesse caso, a situação do mestiço fica mais crítica ainda pela ambivalência racial e cultural da qual ele participa, e sua opção fica geralmente baseada em critérios ideológicos. Também nem todos que participam desse processo vivem plenamente os valores culturais negros. Mas, por causa da discriminação racial da qual todos são vítima, quase todos se referem retoricamente aos valores culturais negros ou tentam recuperá-los, pelo menos simbolicamente, como o mostra o discurso da negritude.

Parece também que os critérios raciais sem consciência ideológica ou política não seriam suficientes para desencadear o processo de formação da identidade. Nesse sentido, a famosa pergunta – "Afinal, quem é negro?" – muitas vezes colocada no atual debate sobre cotas raciais, se refere a essa dificuldade de definir a identidade com base no único critério racial.

Como se percebe, o conceito de identidade recobre uma realidade muito mais complexa do que se pensa, englobando fatores históricos, psicológicos, linguísticos, culturais, político-ideológicos e raciais (MUNANGA, 1988, p. 143-146).

No mesmo momento em que aumenta o interesse em recorrer aos conceitos de identidade e de negritude no movimento negro contemporâneo da diáspora, surgem dúvidas e perguntas. Afinal, o que significam a negritude e a identidade para as bases populares negras e para a militância do movimento negro? Se alguns entendem a negritude e a identidade como um movimento político-ideológico, outros se perguntam se não seria uma forma de racismo do negro contra o branco, um racismo ao avesso. Nesse sentido, se a negritude é um movimento negro, não seria legítimo que se falasse também da "branquitude" como movimento de brancos e da "amarelitude" como movimento dos amarelos? "Negritude", "branquitude" e "amarelitude" nos levariam ao conceito maior das raças negra, branca e amarela, conceitos biologicamente inoperantes, mas política e sociologicamente muito significativos. Há quem se pergunte se no Brasil seria possível a existência de uma identidade dos negros diferentes da dos demais cidadãos. Outros chegam até a indagar se as ditas negritude e identidade negra não poderiam ser vistas como uma divisão da luta de todos os oprimidos.

Essas perguntas, essas dúvidas e essas preocupações merecem um esclarecimento, ou melhor, uma discussão. Poderíamos agrupar e alinhar as melhores definições sobre esses conceitos. Mas isso ajudaria pouco para desvendar seus conteúdos. No entanto, uma perspectiva mais viável seria situar e colocar a questão da negritude e da identidade dentro do movimento histórico, apontando seus lugares de emergência e seus contextos de desenvolvimento. Se historicamente a negritude é, sem dúvida, uma reação racial negra a uma agressão racial branca, não poderíamos entendê-la e cercá-la sem aproximá-la do racismo do qual é consequência e resultado.

Para ser racista, coloca-se como postulado fundamental a crença na existência de "raças" hierarquizadas dentro da espécie humana. De outro modo, no pensamento de uma pessoa racista existem raças superiores e raças inferiores. Em nome das chamadas raças, inúmeras atrocidades foram cometidas nesta humanidade: genocídio de milhões de índios nas Américas, eliminação sistemática de milhões de judeus e ciganos durante a Segunda Guerra Mundial. Como se não bastasse o antissemitismo, a persistência dos mecanismos de discriminação racial na África do Sul durante a Apartheid, nos Estados Unidos, na Europa e em todos os países da América do Sul encabeçados pelo Brasil e em outros cantos do mundo demonstra claramente que o racismo é um fato que confere à "raça" sua realidade política e social. Ou seja, se cientificamente a realidade da raça é contestada, política e ideologicamente esse conceito é muito significativo, pois funciona como uma categoria de dominação e exclusão nas sociedades multirraciais contemporâneas observáveis. Em outros termos, poder-se-ia reter como traço fundamental próprio a todos os negros (pouco importa a classe social) a situação de excluídos em que se encontram em nível nacional. Isto é, a identidade do mundo negro se inscreve no real sob a forma de "exclusão". Ser negro é ser excluído. Por isso, sem minimizar os outros fatores, persistimos em afirmar que a identidade negra mais abrangente seria a identidade política de um segmento importante da população brasileira excluída de sua participação política e econômica e do pleno exercício da cidadania.

Quem fala e escreve a respeito da identidade negra ou afrodescendente? É possível alimentar e manter um discurso sobre identidade, no qual esteja ausente a ideologia? Poder-se-ia perguntar quais seriam, fora do campo científico-acadêmico, os interesses daqueles que falam e escrevem sobre a identidade? Os interesses seriam, sem dúvida, ideológicos. O que significa que a identidade negra ou afrodescendente não teria outra substância, a não ser as relações políticas e econômicas. Isso não quer dizer que outros aspectos importantes na formação da identidade, como a história, deixam de ser considerados. A história escrita ou oral não pode ser feita sem a memória. Desde os trabalhos de Halbwachs, esse é um fenômeno construído coletivamente e sujeito a constantes reelaborações. No caso da população negra brasileira como de qualquer outra, a memória é construída, de um lado, pelos acontecimentos, pelos personagens e pelos lugares vividos por esse segmento da população, e, de outro lado, pelos acontecimentos, pelos personagens e pelos lugares herdados, isto é, fornecidos pela socialização, enfatizando dados pertencentes à história do grupo e forjando fortes referências a um passado comum (por exemplo, o passado cultural africano ou o passado enquanto escravizado). O sentimento de pertencer a determinada coletividade está baseado na apropriação individual desses dois tipos de memória, que passam, então, a fazer parte do imaginário pessoal e coletivo (HALBWACHS, 1968).

Ao lado desse fundamento empírico da memória (acontecimentos, lugares, personagens), existem elementos com base quase projetiva, configurando uma realidade às vezes bastante afastada dos marcos objetivos. Aqui se situaria o discurso da elite negra militante que, ao fazer uma seleção nos conteúdos da memória, retém principalmente a "negritude" como base na formação de sua identidade contrastiva, em oposição à identidade do opressor. A questão que se coloca é saber por onde deva passar o discurso sobre essa identidade contrastiva do negro, cuja base seria a negritude; passaria pela cor da pele e pelo corpo unicamente ou pela cultura e pela consciência do oprimido? Esse discurso, sabe-se, passa necessariamente pela questão da cor da pele ou do corpo negro e pela cultura, por razões historicamente conhecidas. Com efeito, a alienação do negro tem se realizado pela inferiorização do seu corpo antes de atingir a mente, o espírito, a história e a cultura.

Dois problemas podem, então, ser colocados politicamente em relação a uma identidade submetida à cor e à cultura, dentro do contexto brasileiro. Em primeiro lugar, coloca-se a espinhosa questão de saber se os negros seriam capazes de construir sua identidade e sua unidade baseando-se somente na pigmentação da pele e em outras características morfobiológicas do seu corpo, numa sociedade em que a tendência geral é fugir da cor da pele "negra", de acordo com a prática de embranquecimento sustentada pela ideologia de democracia racial fundamentada na dupla mestiçagem biológica e cultural. Esse obstáculo da cor rejeitada por alguns e reivindicada por outros teria sido resolvido pelo conceito de "afrodescendência" que por sua vez se tornou objeto de manipulação política nos debates sobre as cotas. Partindo da verdade histórica de que a África é o berço da humanidade, qualquer cidadão, pouco importa a cor da sua pele, poderia reivindicar sua afrodescendência. Em segundo lugar, poderiam os negros construir sua identidade com base numa cultura já expropriada e cujos símbolos fazem parte da cultura nacional? (PEREIRA, p. 177-187).

Tomar consciência histórica da resistência cultural e da importância de sua participação na cultura brasileira atual é o que importa e deveria fazer parte do processo de busca da identidade negra por parte da elite politizada. Mas basear a busca e a construção de sua identidade na "atualmente" dita cultura negra é problemático, pois em nível do vivido outros segmentos da população brasileira poderiam lançar mão da mesma cultura e nem todos os negros que no plano da retórica "cantam" a cultura negra a vivem exclusiva e separadamente dentro do contexto brasileiro, assim como não existem brancos vivendo exclusiva e separadamente uma cultura dita branca. Aqui os sangues se misturam, os deuses se tocam, e as cercas das identidades culturais vacilam. Acrescentar-se-á o perigo da manipulação da cultura negra por parte da ideologia dominante quando a retórica oficial se expressa através das próprias contribuições culturais negras no Brasil, para negar a existência do racismo e para reafirmar a proclamada democracia racial.

É nesse sentido que alguns estudiosos tentaram, com razão, alertar e denunciar a folclorização e a domesticação da cultura e das religiões negras por parte da ideologia dominante no Brasil (PEREIRA, 1982, p. 93-105).

> [...] a conversão de símbolos étnicos em símbolos nacionais não apenas oculta uma situação de dominação racial, mas torna muito mais difícil a tarefa de denunciá-la [...] (FRY, 1982, p. 52).

Coloca-se também outro problema já corriqueiro. Será possível a participação dos negros na sociedade brasileira sem a solidariedade de todos os oprimidos brancos e outros? Sente-se um deslocamento pelo menos uma confusão entre raça e classe. Aqui está um dos dilemas da questão racial brasileira: os oprimidos brancos da sociedade não têm consciência de que a exclusão política e econômica do negro por motivos racistas só beneficia a classe dominante, o que torna difícil, senão impossível, sua solidariedade com o oprimido negro; além disso, eles mesmos são racistas pela educação e pela socialização recebidas na família e na escola. Raça e classe se tornam, então, duas variáveis da mesma realidade de exploração, na estrutura de uma sociedade de classe (PEREIRA, 1987, p.151-162). Em nome dessa dialética entre raça e classe, alguns estudiosos de formação marxista pensavam que a solução definitiva da questão racista no Brasil só viria com a transformação da atual estrutura capitalista em uma estrutura socialista mais igualitária. Ou seja, numa sociedade sem classes sociais, em que negros e brancos podem igualmente participar das decisões políticas e da distribuição do produto econômico (FERNANDES, 1966). Uma certa militância negra assumiu esse discurso, acreditou que a solução às suas mazelas logo viria com a transformação da sociedade, daí talvez a explicação de sua indiferença em relação às políticas de ação afirmativa em prática nos Estados Unidos desde os anos 1960. Como explicar que a palavra "cotas" só explodiu da garganta do movimento negro explicitamente na marcha de Brasília de 1995, quando a política de ação afirmativa já dava resultados positivos nos Estados Unidos havia quase 40 anos?

Os que pensam que a situação do negro no Brasil é apenas uma questão econômica, e não racista, não fazem esforço para entender como as práticas racistas impedem ao negro o acesso na participação e na ascensão econômica. Ao separar raça e classe numa sociedade capitalista, comete-se um erro metodológico que dificulta a sua análise e os condena ao beco sem saída de uma explicação puramente economicista.

Finalmente, a busca da identidade negra não é, no meu entender, uma divisão de luta dos oprimidos. O negro tem problemas específicos que só ele sozinho pode resolver, embora possa contar com a solidariedade dos membros conscientes da sociedade. Entre seus problemas específicos está, entre outros, a alienação do seu corpo, de sua cor, de sua cultura e de sua história e consequentemente sua "inferiorização" e baixa estima; a falta de conscientização histórica e política, etc. Graças à busca de sua identidade, que funciona como uma terapia do grupo, o negro poderá despojar-se do seu complexo de inferioridade e colocar-se em pé de igualdade com os outros oprimidos, o que é uma condição preliminar para uma luta coletiva. A recuperação dessa identidade começa pela aceitação dos atributos físicos de sua *negritude* antes de atingir os atributos culturais, mentais, intelectuais, morais e psicológicos, pois o corpo constitui a sede material de todos os aspectos da identidade.

Negritude na atualidade diasporana

Muitos ainda se perguntam sobre a persistência da *negritude* no complexo da globalização, sobretudo na diáspora africana, num mundo cuja "raça" enquanto realidade biológica não se sustenta mais. Alguns indagam sobre a persistência e a importância política desse conceito numa diáspora africana cuja mestiçagem é fundamental e, talvez, mais importante que a cor mais escura da pele.

Em primeiro lugar é importante frisar que a *negritude*, embora tenha sua origem na cor da pele negra, não é essencialmente de ordem biológica. De outro modo, a identidade negra não nasce do simples fato de tomar consciência da diferença de pigmentação entre brancos e negros ou negros e amarelos. A *negritude* e/ou a identidade negra se referem à história comum que liga de uma maneira ou de outra todos os grupos humanos que o olhar do mundo ocidental "branco" reuniu sob o nome de negros. A negritude não se refere somente à cultura dos povos portadores da pele negra que de fato são todos culturalmente diferentes. Na realidade, o que esses grupos humanos têm fundamentalmente em comum não é como parece indicar, o termo Negritude à cor da pele, mas sim o fato de terem sido na história vítimas das piores tentativas de desumanização e de terem sido suas culturas não apenas objeto de políticas sistemáticas de destruição, mas, mais do que isso, de ter sido simplesmente negada a existência dessas culturas. Lembremos que, nos primórdios da colonização, a África negra foi considerada como um deserto cultural, e seus habitantes como o elo entre o Homem e o macaco.

Tomada de consciência de uma comunidade de condição histórica de todos aqueles que foram vítimas da inferiorização e negação da humanidade pelo mundo ocidental, a *negritude* deve ser vista também como afirmação e construção de uma solidariedade entre as vítimas. Consequentemente, tal afirmação não pode permanecer na condição de objeto e de aceitação passiva. Pelo contrário, deixou de ser presa do ressentimento e desembocou em revolta, transformando a solidariedade e a fraternidade em armas de combate. A *negritude* torna-se uma convocação permanente de todos os herdeiros dessa condição para que se engajem no combate para reabilitar os valores de suas civilizações destruídas e de suas culturas negadas. Vista desse ângulo, para as mulheres e os homens descendentes de africanos no Brasil e em outros países do mundo cujas plenas revalorização e aceitação da sua herança africana faz parte do processo do resgate de sua identidade coletiva, a *negritude* faz parte de sua luta para reconstruir positivamente sua identidade e, por isso, um tema ainda em atualidade. Tomando a forma de irmanação entre mulheres e homens que dela se reclamam para fazer desaparecer todos os males que atingem a dignidade humana, a *negritude* se torna uma espécie de fardo do Homem e da Mulher negros.

Enquanto uma única pessoa continuar a ser caracterizada e discriminada pela cor da pele escura, enquanto uma única pessoa se obstinar, por causa de sua diferença, a lançar sobre outra pessoa um olhar globalizante que a desumaniza ou a desvaloriza, a *negritude* deverá ser o instrumento de combate para garantir a todos o mesmo direito fundamental de desenvolvimento, a dignidade humana e o respeito das culturas do mundo. A *negritude* fornece nesses tempos de globalização, um dos melhores antídotos contra as duas maneiras de se perder: por segregação cercada pelo particular e por diluição no universal (CÉSAIRE, 1987, p. 5-33).

Condições históricas

Quando os primeiros europeus desembarcaram na costa africana, em meados do século XV, a organização política dos Estados africanos já tinha atingido um nível de aperfeiçoamento muito alto. As monarquias eram constituídas por um conselho popular, no qual as diferentes camadas sociais eram representadas. A ordem social e moral equivalia à política. Em contrapartida, o desenvolvimento técnico, incluída a tecnologia de guerra, era menos avançada. Isso pode ser explicado pelas condições ecológicas, socioeconômicas e históricas da África daquela época, e não biologicamente, como queriam alguns falsos cientistas.

Também no século XV a América foi descoberta. A valorização de suas terras demandava mão de obra barata. A África sem defesa (frisamos que sua tecnologia e sua indústria de guerra eram relativamente menos desenvolvidas do que as europeias) apareceu, então, como reservatório humano apropriado, com um mínimo de gastos e de riscos. Assim, o tráfico moderno dos escravizados negros tornou-se uma necessidade econômica antes da aparição da máquina (Revolução Industrial). Essas novas relações técnicas estendem ao plano social o binômio senhor-escravizados.

A ocupação colonial efetiva da África pelo Ocidente no século XIX tentou desmantelar as suas antigas instituições políticas. Alguns reinos resistiram e subsistem até hoje, embora num contexto totalmente diferente. Convencidos de sua superioridade, os europeus tinham *a priori* desprezo pelo mundo negro, apesar das riquezas que dele tiravam. A ignorância em relação à história antiga dos negros, as diferenças culturais, os preconceitos étnicos entre duas sociedades que se confrontam pela primeira vez, tudo isso mais as necessidades econômicas da exploração predispuseram o espírito europeu a desfigurar completamente a personalidade moral do negro e suas aptidões intelectuais.

Negro torna-se, então, sinônimo de ser primitivo, inferior, dotado de uma mentalidade pré-lógica. E, como o ser humano toma sempre o cuidado de justificar sua conduta, a condição social do negro no mundo moderno criará uma literatura descritiva dos seus pretendidos caracteres menores. O espírito de muitas gerações europeias foi progressivamente alterado. A opinião ocidental cristalizara-se e admitia de antemão a verdade revelada negro = humanidade inferior. À colonização apresentada como um dever, invocando a missão civilizadora do Ocidente, competia a responsabilidade de levar o africano ao nível dos outros homens.

No máximo, foram reconhecidos nele os dons artísticos ligados à sua sensibilidade de animal superior. Tal clima de alienação atingirá profundamente o negro, em particular o instruído, que tem, assim, a oportunidade de perceber a ideia que o mundo ocidental fazia dele e de seu povo. Na sequência, perde a confiança em suas possibilidades e nas de sua raça, e assume os preconceitos criados contra ele. É nesse contexto que nasce a *negritude*.

A compreensão das circunstâncias históricas em que surgiu a *negritude* obriga-nos, como já foi enfatizado, a considerar rapidamente a situação colonial nas suas características e legitimações discursivas.

Características

O conceito de situação colonial aparece como noção dinâmica, expressando uma relação de forças entre vários atores sociais dentro da *colônia*, sociedade globalizada, dividida em dois campos antagonistas e desiguais: a *sociedade colonial* e a *sociedade colonizada*. Na situação colonial africana, a dominação é imposta por uma minoria estrangeira, em nome de uma superioridade étnica e cultural dogmaticamente afirmada, a uma maioria autóctone. Há confronto entre duas civilizações heterogêneas: além das sobreposições econômicas e tecnológicas, de ritmo acelerado, a dominadora infligiu sua origem cristã a uma radicalmente oposta. O caráter antagonista das relações existentes entre elas é ilustrado pela função instrumental à qual é condenada a sociedade dominada. A necessidade de manter a dominação por suas vantagens econômicas e psicossociais leva os defensores da situação colonial a recorrer não apenas à força bruta, mas a outros mecanismos, como os de controle, já mencionados.

A sociedade colonial

Ela compreende os estrangeiros de origem metropolitana, isto é, do país colonizador, os europeus ou de população branca não metropolitanos e os não europeus, geralmente de origem asiática, os *coloured* ou homens de cor. Os grupos não desempenham o mesmo papel na colônia, mas cada um deles tem preeminência sobre os autóctones. O de origem metropolitana é o mais ativo, pois cabe a ele a função de dominar política, econômica e espiritualmente. Suas atribuições podem ser classificadas da seguinte maneira: a administração dirige a colônia segundo a *política colonial*; as companhias comerciais e industriais assumem a exploração da produção, a fim de organizar os lucros em benefícios da metrópole, processo chamado de *pilhagem da sociedade dominada*; por fim, as *missões cristãs*, encarregadas da educação dos colonizados, da conversão de suas almas e de seu encaminhamento progressivo ao universo do dominador. Os brancos não metropolitanos e os asiáticos (*coloured*) dedicam-se a atividades comerciais intermediárias. A *sociedade colonial* teme a ruptura da ordem e do equilíbrio estabelecidos em seu favor. Para que isso não ocorra, encastela-se, intocável, explorando e pilhando a maioria negra, utilizando-se de mecanismos repressivos diretos (força bruta) e indiretos (preconceitos raciais e outros estereótipos).

A sociedade colonizada

Abrange os autóctones, habitualmente chamados *indígenas* ou *nativos*, na *linguagem* do administrador colonial. Embora superior numericamente, a *sociedade colonizada* era considerada minoria sociológica. Antes instrumento criador de riqueza, seus territórios arbitrariamente divididos sem outros critérios senão os interesses das potências coloniais. Como dizia o colonizador britânico, Lord Salisbury:

> Traçamos linhas sobre mapas de regiões onde o homem branco nunca tinha pisado. Distribuímos montanhas, rios e lagos entre nós. Ficamos apenas atrapalhados por não sabermos onde ficavam essas montanhas, esses rios e esses lagos (BIMWENYI-KWESHI, 1977, p. 52).

O traçado dessas linhas passou muitas vezes pelo meio de um mesmo povo: as famílias, aos poucos, foram se tornando estrangeiras. No interior de cada colônia, o corte alongou-se, delimitando as províncias, os distritos, os territórios, as dioceses, as paróquias, etc. Essas medidas contribuem para o esfacelamento de etnias importantes, o rompimento das unidades políticas de alguma envergadura e a constituição de agrupamentos artificiais.

Além das divisões arbitrárias, vários fatores podem ilustrar o papel instrumentalista da sociedade colonizada, tais como a humilhação dos chefes, a desorganização das instituições sociorreligiosas, etc. A colônia, sociedade global, transforma-se de modo maniqueísta, cortada em dois. A minoria tinha todas as vantagens. Uma barreira topográfica a protegia dos bairros segregados dos colonizados. Essa articulação entre o ideal civilizador e assimilacionista, de um lado, e a instrumentalização reducionista, de outro, não deixa a sociedade colonial com consciência tranquila. Daí um discurso legitimador baseado numa argumentação dita científica.

Discursos pseudojustificativos

Poder-se-ia dizer que a colônia, como sociedade global dicotômica, vive permanentemente uma situação de violência, porque as duas sociedades que a constituem só dependem da relação de força dominante/dominado. Insistimos que, além da força como meio para manter esse violento equilíbrio, recorreu-se oportunamente aos estereótipos e preconceitos através de uma produção discursiva. Aí, toda e qualquer diferença entre colonizador e colonizado foi interpretada em termos de superioridade e inferioridade. Tratava-se de um discurso monopolista, da razão, da virtude, da verdade, do ser, etc.

Como se sabe, a dominação colonial na África resultou da expansão de dois imperialismos: o do mercado, que se apropriou da terra, dos recursos e dos homens; o da história, que se apossou de um espaço conceitual novo: o homem não histórico, sem referências nos documentos escritos. A expropriação das terras e dos recursos, a exploração econômica, a mobilização e o inventário da força de trabalho, tudo isso deveria ser legitimado pelas potências coloniais. A primeira justificativa surge através da *missão colonizadora*, esse peso e essa responsabilidade que a sociedade colonial deveria assumir, a fim de tirar os negros da condição de selvagens, poupando-os do longo caminho percorrido pelos ocidentais. Uma vez civilizados, os negros seriam assimilados aos povos europeus, considerados superiores, ou seja, tornar-se-iam iguais aos brancos. Acrescentaram-se ao discurso legalizador da missão civilizadora outras tentativas, no sentido de reduzir o negro ontológica, epistemológica e teologicamente. Para isso, duas afirmações tornaram-se axiomas indiscutíveis: uma relativa à superioridade dos brancos dogmaticamente confirmada; outra, à inferioridade congênita dos negros. Para fixarmos ideia sobre essa tríplice redução do negro, vamos retomar alguns dados do pretendido discurso científico.

A expansão da Europa ocidental começa praticamente no século XV, que é o século das grandes descobertas. Também nessa época podemos situar os contatos entre os ocidentais (brancos) e os negros africanos, sem nos esquecermos de que a África do Norte (Líbia, Tunísia, Etiópia e Egito) era conhecida pelos antigos greco-romanos. Aliás, as primeiras notícias sobre as populações negras vêm do grande historiador grego Heródoto. A partir de sua imaginação e com base na teoria dos climas, criou-se uma imagem do resto do continente (não visitado) de clichês bastante desfavoráveis. Segundo essa teoria dos climas, as temperaturas extremamente baixas ou altas tornam o homem bárbaro, enquanto as zonas temperadas favorecem o desenvolvimento das civilizações. Todas as descrições da época mostravam os habitantes do interior do continente africano parecidos com animais selvagens. Essa visão retornou na Idade Média e no Renascimento, reatualizando sempre os mesmos mitos que faziam da África negra um mundo habitado por monstros, seres semi-homens, semianimais.

Em meados do século XV, os portugueses desembarcaram no costa africana e atingiram, antes do fim do século, o Cabo da Boa Esperança e a costa oriental. Os aventureiros de outros países europeus – franceses, ingleses, alemães, belgas, etc.– seguiram os portugueses nessa corrida e viram os povos negativamente descritos nos relatos dos antigos. Podia-se esperar mais dos novos relatos, com testemunhos oculares. Infelizmente, foi retransmitida integralmente a mesma versão. A ideia de gente sem cabeça ou com ela no peito, com chifres na testa, ou com um só olho, gente com rosto de cão faminto e coisas do gênero dominava os escritos ocidentais sobre a África nos séculos XV, XVI e XVII.

Embora reconhecessem as diferenças físicas e culturais entre os negros encontrados no continente, os europeus ficaram mais impressionados com os aspectos que vários povos tinham em comum: a cor da pele, o cabelo, a forma do nariz e dos lábios, a forma da cabeça, etc. Desses traços físicos, considerados elementos coletivos, "montou-se" um negro geral.

Com base nessa imagem, tenta-se mostrar todos os males do negro por um caminho: a Ciência. O fato de ser branco foi assumido como condição humana normativa, e o de ser negro necessitava de uma explicação científica. A primeira tentativa foi pensar o negro como um branco degenerado, caso de doença ou de desvio da norma. A pigmentação escura de sua pele só podia ser entendida por causa do clima tropical, excessivamente quente. Logo isso foi considerado insuficiente, ao se constatar que alguns povos que viviam no Equador, como os habitantes da América do Sul, nunca se tornaram negros. Outra justificativa da cor do negro foi buscada na natureza do solo e na alimentação, no ar e na água africanos. Não satisfeitos com a teoria da degeneração fundamentada no clima, outros aceitaram a explicação de ordem religiosa, nascida do mito camítico entre os hebraicos. Segundo ele, os negros são descendentes de Cam, filho de Noé, amaldiçoado pelo pai por tê-lo desrespeitado quando este o encontrou embriagado, numa postura indecente. Na simbologia de cores da civilização europeia, a cor preta representa uma mancha moral e física, a morte e a corrupção, enquanto a branca remete à vida e à pureza. Nessa ordem de ideias, a Igreja Católica fez do preto a representação do pecado e da maldição divina. Por isso, nas colônias ocidentais da África, mostrou-se sempre Deus como um branco velho de barba, e o Diabo um moleque preto com chifrinhos e rabinho.

De acordo com a simbologia de cor, alguns missionários, decepcionados na sua missão de evangelização, pensaram que a recusa dos negros em se converterem ao cristianismo refletia, de fato, sua profunda corrupção e sua natureza pecaminosa. A única possibilidade de "salvar" esse povo tão corrupto era a escravidão. Muitos utilizaram tal argumento para defender e justificar essa instituição. Desse modo, não houve nenhum problema moral entre os europeus dos séculos XVI e XVII porque, na doutrina cristã, o homem não deve temer a escravidão do homem pelo homem, e sim sua submissão às forças do mal. Por isso, foram instaladas capelas nos navios negreiros para que se batizassem os escravos antes da travessia. Em total desrespeito e flagrante violação à religião dos africanos, a preocupação cristã consistia em salvar as almas e deixar os corpos morrerem! Aliás, parte dos missionários mostrou-se até incapaz de aceitar que eles possuíssem uma religião e, quando isso aconteceu, chamaram-na de animismo, com o intuito de ressaltar que os negros botavam alma nas pedras, nas árvores e em todos os objetos animados e inanimados de seu meio ambiente.

No século XVIII, era de se esperar que os grandes pensadores iluministas, criando uma ciência geral do homem, contribuíssem para corrigir a imagem negativa que se tinha do negro. Pelo contrário, eles apenas consolidaram a noção depreciativa herdada das épocas anteriores. Nesse século, elabora-se nitidamente o conceito da perfectibilidade humana, ou seja, do progresso. Mas o negro, o selvagem, continuava a viver, segundo esses filósofos, nos antípodas da humanidade, isto é, fora do circuito histórico e do caminho do desenvolvimento. Sexualidade, nudez, feiura, preguiça e indolência constituem os temas-chave da descrição do negro na literatura científica da época.

Para fixar essas ideias, vejamos o que alguns dos filósofos iluministas pensavam do negro (DUCHET, 1971).

Para Buffon, as raças são resultado de mutações no interior da espécie humana. O determinismo do clima é importante. No mais temperado, vivem os homens bonitos e bem-feitos; é nele que se toma o modelo ao qual se devem referir todas as nuanças de cor e beleza. As variedades humanas se distanciam ou se aproximam desse modelo, o ambiente humano por excelência. A harmonia dos corpos e das mentes é um signo visível de uma perfeita adequação entre o meio e a espécie. Todo povo civilizado, por ser superior, é responsável pelo futuro do mundo. O caráter distintivo da raça negra na sua totalidade é a cor, mas há outros detalhes, como os traços do rosto, os cabelos, o odor do corpo, os costumes, etc., que complementam essa distinção. Assim, qualquer negro vive a mesma existência miserável: sua casa não tem móveis nem conforto, sua alimentação é grosseira, os homens são preguiçosos, e as mulheres, debochadas. Na escala das sociedades humanas, os negros ocupam a mesma posição que o lapão e o samoiedo. São, como eles, rudes, supersticiosos e estúpidos.

Helvétius acha que, nascido sem ideia, vício ou virtude, tudo no homem é aquisição, até a própria humanidade. O sentimento de humanidade é, então, fruto de uma prática social, de uma educação da sensibilidade; não pode ser anterior à sociedade nem estender-se a todos os homens indistintamente e independe das relações reais que os unem e se baseiam no hábito e na necessidade. A Natureza deu ao homem apenas a sensibilidade física, o resto é produto de sua vida social; sem vícios, suas virtudes e suas paixões factícias, seus talentos e seus preconceitos, até o sentimento do amor-próprio, tudo nele é aquisição. Para Helvétius, a inferioridade real dos selvagens não é resultado de uma falha de constituição. Ela é de ordem puramente histórica.

Poligenista, Voltaire não acredita na teoria do clima sobre as diferenças raciais. Segundo ele, os negros não são brancos escurecidos pelo clima porque, transportados a um país frio, continuam a produzir animais da mesma espécie. Ele acredita na superioridade do branco em relação ao negro como na do negro frente ao macaco, e assim por diante. A grosseria, a miséria, a superstição, o medo, essa pré-história do espírito humano foi a mesma por toda parte. Assim como os selvagens assemelham-se entre si e oferecem a todos os povos a imagem de como foram, o homem no estado dito de "pura natureza" só podia ser uma animal inferior aos primeiros iroqueses encontrados na América do Norte. Voltaire reencontra Buffon no seu menosprezo aos povos cujo "rosto" é selvagem como seus costumes, aos tártaros grosseiros, estúpidos e brutos, aos negros quase selvagens e feios como os macacos e aos selvagens do Novo Mundo ainda mergulhados na sua animalidade. Alguns desses selvagens não valia nem a pena conhecer, porque não prestaram nenhum serviço ao gênero humano.

No seu estabelecimento de etapas de desenvolvimento, Voltaire situa na base da escala evolutiva os *brasileiros* (índios), que, segundo eles, foram encontrados num estado de "pura natureza", no clima mais bonito do universo, sem leis e sem nenhum conhecimento da divindade, preocupados com as necessidades do corpo, tendo indiferentemente relações sexuais com suas irmãs, suas mães e suas filhas, além do mais, antropófagos e governados pelo instinto. Em um nível pouco mais alto que o índio, vem o negro vivendo ora no primeiro grau de estupidez, ora no segundo, ou seja, planejando as coisas pela metade, não formando uma sociedade estável, olhando os astros com admiração e celebrando algumas festas sazonais na aparição de certas estrelas. Evidentemente, no topo dessa escala evolutiva, vem o branco europeu, com a astronomia e todas as características de sua superioridade.

Voltaire tem uma visão muito elitista do desenvolvimento, isto é, no seu decorrer histórico, uma minoria pensante sempre o dominou. É esta que conhece o progresso. Se alguns povos dominaram outros, é porque estes foram domináveis. Voltaire acredita na imagem do homem forte, o que é uma maneira de admitir o fundamento da colonização. Embora aceitasse o postulado da unidade humana, ele estabeleceu uma diferenciação dentro dela, reconhecendo inferiores e superiores.

Nesses filósofos é transparente o europocentrismo, ligado ao processo de colonização e à ideologia da civilização dominante.

O século XIX foi de grandes sínteses intelectuais, comprovadas pelas obras de Karl Marx (economia política), de Darwin (biologia) e de Arthur Gobineau (teoria racial). Na primeira metade desse século, duas correntes de pensamento influenciaram a atitude perante os povos não europeus. A primeira, evolucionista, explicava as diferentes culturas, baseando-se no predomínio exercido pelo meio ambiente. Afirmava, igualmente, que esses povos deviam seguir, com a ajuda do tempo, o itinerário feito pela Europa. A segunda, racista, pensava o destino dos homens determinado pela raça à qual pertenciam. Apoiava-se não essencialmente na ecologia, como a primeira, mas na biologia. Na ótica dessa corrente, em 1814, Peyroux de la Coudrenière explicava que o declínio da Grécia antiga era decorrente da presença de elementos impuros negros no sangue de seus habitantes. Segundo Saint-Simon, os negros viviam num baixo grau de civilização porque biologicamente são inferiores aos brancos. Auguste Comte, pai influente do positivismo, pensava que a superioridade da cultura material europeia talvez tivesse sua fonte de explicação numa diferença estrutural do cérebro do homem branco. Os dicionários e as enciclopédias do século XIX são unânimes em apresentar o negro como sinônimo de humanidade de terceira.

A Sociedade Etnológica, associação científica fundada em Paris, em 1839, refletia o mesmo pensamento racista de seu tempo. O racismo científico foi de certo modo institucionalizado com a fundação da Sociedade de Antropologia em Paris, em 1859. Os progressos realizados na anatomia mostraram a interdependência entre as funções do corpo e a conduta dos indivíduos. Todos passam a relacionar os aspectos físicos aos culturais. Segundo os trabalhos de Georges Cabanis, médico fisiologista da época, as diferenças físicas intelectuais e morais correspondem às diferenças físicas entre as raças. O médico alemão Franz Gall afirmou também que o tamanho da cabeça e o volume do cérebro acusavam, entre os negros africanos, dimensões menores comparativamente aos brancos, daí chegando à conclusão óbvia. Na compreensão de William Frederic, fundador da Sociedade Etnológica, a distinção mais importante entre as raças estava na formação da cabeça e nas proporções do rosto. A forma não só revela o caráter de um indivíduo como também o determina. Para Paul Broca, traços morfológicos, tais como o prognatismo, a cor da pele tendendo à escura e o cabelo crespo estariam frequentemente associados à inferioridade, enquanto a pele clara, o cabelo liso e o rosto ortógnato seriam atributos comuns aos povos mais elevados da espécie humana. Jamais uma nação de pele escura, cabelo crespo e rosto prógnato chegaria espontaneamente à civilização. Pescoço, nariz, pernas, dedos e órgãos sexuais do negro foram analisados e considerados provas de sua diminuição intelectual, moral, social, política, etc. (COHEN, 1981).

Com essas teorias sobre as características físicas e morais do negro patenteia-se a legitimação e a justificativa de duas instituições: a escravidão e a colonização. Numa época em que a ciência se tornava um verdadeiro objeto de culto, a teorização da inferioridade racial ajudou a esconder os objetivos econômicos e imperialistas da empresa colonial.

A desvalorização do negro colonizado não se limitará apenas a esse racismo doutrinal, transparente, congelado em ideias, à primeira vista quase sem paixão. Além da teoria existe a prática, pois o colonialista é um homem de ação, que tira partido da experiência. Vive-se o preconceito cotidianamente. Conjunto de condutas, de reflexos adquiridos desde a primeira infância e valorizado pela educação, o racismo colonial incorporou-se tão naturalmente aos gestos, às palavras, mesmo as mais banais, que parece constituir uma das mais sólidas estruturas da personalidade colonialista.

Nesse sentido, o esforço constante do colonizador em mostrar, justificar e manter, tanto pela palavra quanto pela conduta, o lugar e o destino do colonizado, seu parceiro no drama colonial, garante, portanto, o seu próprio lugar na empresa. Ora, a análise da atitude racista revela três elementos importantes já presentes no discurso pseudocientífico justificador que acabamos de ver: descobrir e pôr em evidência as diferenças entre colonizador e colonizado, valorizá-las, em proveito do primeiro e em detrimento do último, e levá-las ao absoluto, afirmando que são definitivas e agindo para que assim se tornem.

A desvalorização e a alienação do negro estende-se a tudo aquilo que toca a ele: o continente, os países, as instituições, o corpo, a mente, a língua, a música, a arte, etc. Seu continente é quente demais, de clima viciado, malcheiroso, de geografia tão desesperada que o condena à pobreza e à eterna dependência. O ser negro é uma degeneração devida à temperatura excessivamente quente.

O colonizado é, assim, remodelado em uma série de negações que, somadas, constituem um retrato-acusação, uma imagem mítica. Eis alguns componentes dela, segundo a análise meticulosa de Albert Memmi, no seu já clássico livro *Retrato do colonizado precedido do retrato do colonizador* (1967).

A preguiça do colonizado

O colonizador legitima seu privilégio pelo trabalho e justifica a nulidade do colonizado pelo ócio. No retrato constará uma inacreditável preguiça, ao contrário do colonizador, que tem um gosto virtuoso pela ação. Este último sugere que o trabalho do colonizado é pouco rentável, o que autoriza os salários insignificantes e a exploração. Desse modo, mesmo professores, médicos e engenheiros negros colonizados nunca receberam salários iguais aos de seus colegas brancos.

O mito do negro preguiçoso não é real, como demonstra a expressão "trabalhar como um negro", usada pelo próprio branco quando trabalhava muito e duro. Num clima tropical, com calor de 30 a 40 graus, o trabalho começa cedo e termina por volta de meio-dia, uma hora da tarde. Isso é importante, a fim de refazer as energias para o dia seguinte. Nas regiões mais quentes da África, as populações passam as tardes nas aldeias, à sombra das árvores, descansando, comendo e conversando. Essa situação reforçou a falsa imagem do negro preguiçoso, diante de um branco ocidental, que vive num clima diferente e obedece a um horário convencional, abstrato. Os autóctones estavam acostumados a um horário concreto, social, integrado ao ritmo da natureza e do cosmos.

É preciso reconhecer: às vezes o negro trabalhava pouco. Mas isso não era preguiça, e sim resistência, rebelião diante do trabalho desumano, forçado e sem remuneração. Uma revolta passiva.

O negro retardado, perverso, ladrão

Com tais defeitos, não se pode confiar ao negro funções de responsabilidade ou postos de direção. Sendo deficiente, o negro dever ser protegido. Legitima-se o uso da polícia e de uma justiça severa diante de um retardado, com maus instintos e ladrão. É preciso proteger-se das perigosas tolices de um irresponsável e defendê-lo de si mesmo. Nesse contexto, a hostilidade do negro, reconhecida como algo de positivo, decorre também da sua fragilidade e falta do senso de previsão e economia.

Comportamentos ativos concretizarão este retrato. Todas as qualidades humanas serão retiradas do negro, uma por uma. Jamais se caracteriza um deles individualmente, isto é, de maneira diferencial. Eles são isso, todos os mesmos. Além do afogamento no coletivo anônimo, a liberdade, direito vital reconhecido à maioria dos homens, será negada. Colocado à margem da história, da qual nunca é sujeito e sempre objeto, o negro acaba perdendo o hábito de qualquer participação ativa, até reclamar. Não desfruta de nacionalidade e cidadania, pois a sua é contestada e sufocada, e o colonizador não estende a sua ao colonizado. Consequentemente, ele perde a esperança de ver seu filho tornar-se um cidadão.

É através da educação que a herança social de um povo é legada às gerações futuras e inscrita na história. Privados da escola tradicional, proibida e combatida, para os filhos negros a única possibilidade é o aprendizado do colonizador. Ora, a maior parte das crianças está nas ruas. E aquela que tem a oportunidade de ser acolhida não se salva: a memória que lhe inculcam não é de seu povo; a história que lhe ensinam é outra; os ancestrais africanos são substituídos por gauleses e francos de cabelos loiros e olhos azuis; os livros estudados lhe falam de um mundo totalmente estranho, da neve e do inverno que nunca viu, da história e da geografia das metrópoles; o mestre e a escola representam um universo muito diferente daquele que sempre a circundou.

Quando pode fugir do analfabetismo, o negro aprende a língua do colonizador, porque a materna, considerada inferior, não lhe permite interferir na vida social, nos guichês da administração, na burocracia, na magistratura, na tecnologia, etc.

Na estrutura colonial, o bilinguismo é necessário, pois munido apenas de sua língua, o negro torna-se estrangeiro dentro de sua própria terra. No entanto, ele cria novos problemas, pois a posse de duas línguas não é somente a de dois instrumentos. Participa-se de dois reinos psíquicos e culturais distintos e conflitantes. A língua, que é nutrida por sensações, paixões e sonhos, aquela pela qual se exprimem a ternura e os espantos, a que contém, enfim, a maior carga efetiva, é precisamente a menos valorizada. A língua do colonizado não possui dignidade nenhuma no país e nos concertos dos povos. Se o negro quiser obter uma colocação, conquistar um lugar, existir na cidade e no mundo, deve primeiro dominar a estranha de seus senhores. No conflito linguístico em que ele se move, sua língua original é humilhada, esmagada. E esse desprezo objetivamente calculado acaba por impor-se ao colonizado. Começa a evitar sua própria língua, a escondê-la dos olhos dos estrangeiros e não parecer à vontade no manejo dela. Albert Memmi tem toda razão ao qualificar essa situação de drama linguístico.

Neste sentido, quase lamentando a situação do escritor colonizado escreveu:

> Curioso destino o de escrever para um povo que não o seu! Mais curioso ainda o de escrever para os vencedores de seu povo! Surpreendente a aspereza dos primeiros escritores colonizados. Esquecem-se de que se dirigem ao mesmo público cuja língua tomam emprestada. Não se trata, porém, nem de inconsciência, nem de ingratidão, nem de insolência. A esse público, precisamente, já que ousam falar, é que irão mostrar seu mal-estar e sua revolta (MEMMI, 1967, p. 99).

A implantação europeia, como já foi dito, efetuou-se no plano psicológico, utilizando, entre outros recursos, a conversão do negro ao cristianismo. A evangelização prestou grandes serviços à colonização. Em vez de formar personalidades africanas livres, independentes, capazes de conceber uma nova ordem para a África, ela contribuiu eficazmente para destruir seus valores espirituais e culturais autênticos, com o pretexto de que eram pagãos. A sabedoria dos ancestrais foi considerada sinal de paganismo e primitividade. Os missionários executaram verdadeira caça aos feiticeiros, aos bruxos e aos artistas. Muitos objetos de arte e da cultura material foram confiscados pela força. Grande parte deles foi queimada, outra contribuiu para formar e enriquecer os grandes museus metropolitanos, como o Musée de l'Homme, de Paris; o British Museum, de Londres; o Musée Royal de Afrique Central, de Tervuren, Bélgica, etc. Lá, de onde foi arrancada a estátua de madeira de uma divindade africana, de um ancestral, de um herói ou de um rei, puseram uma madona ou um santo de argila ou de bronze.

Tentativas de assimilação dos valores culturais do branco

No cotidiano, o negro vai enfrentar o seu inverso, forjado e imposto. Ele não permanecerá indiferente. Por pressão psicológica, acaba reconhecendo-se num arremedo detestado, porém convertido em sinal familiar. A acusação perturba-o, tanto mais porque admira e teme seu poderoso acusador. Perguntar-se-á, afinal, se o colonizador não tem um pouco de razão. Será que não somos mesmo ociosos ou medrosos, deixando-nos dominar e oprimir por uma minoria estrangeira? A tecnologia superdesenvolvida trazida pelo branco ajudaria a instaurar uma situação de crise na consciência do negro. Nesse sentido, em algumas culturas, o branco foi comparado a Deus e aos ancestrais.

Bem divulgado, o retrato degradante acaba por ser aceito pelo negro e contribuirá para torná-lo realidade, portanto uma mistificação. Podemos comparar essa situação com a da ideologia da classe dirigente, que é adotada frequentemente pelas classes dominadas. Ao concordar com ela, os submissos confirmam o papel que lhes foi atribuído. Assim como o colonizador é tentado a aceitar-se, o colonizado, para viver, é obrigado. Em pouco tempo, a situação colonial perpetua-se, fabricando uns e outros.

Diante desse quadro, qual seria a saída do colonizado? Historicamente duas tentativas foram observadas e analisadas. A primeira consistiu no embranquecimento. Na sua totalidade, a elite negra alimentava um sonho: assemelhar-se tanto quanto possível ao branco para, na sequência, reclamar dele o reconhecimento de fato e de direito. Como tornar real essa semelhança a não ser através da troca de pele?

Ora, para chegar a isso, pressupunha-se a admiração da cor do outro, o amor ao branco, a aceitação da colonização e a autorrecusa. E os dois componentes dessa tentativa de libertação estão estreitamente ligados: subjacente ao amor pelo colonizador, há um complexo de sentimentos que vão da vergonha ao ódio de si mesmo. O embranquecimento do negro realizar-se-á principalmente pela assimilação dos valores culturais do branco. Assim, o negro vai vestir-se como europeu e consumirá alimentação estrangeira, tão cara em relação a seu salário. O rompimento das fronteiras de assimilação acontecerá pelo domínio da língua colonizadora. Por isso, todo povo colonizado sempre admirou as línguas invasoras, que achava mais ricas do que a sua. Num grupo de jovens africanos de qualquer país de seu continente, aquele que se expressava bem e tinha controle da língua não materna (francês, inglês ou português) era muito respeitado. Quantas vezes escutamos a expressão: "tome cuidado com ele; é muito inteligente, fala francês como um branco". Muitos africanos alienados deixaram até de falar suas línguas em casa com os familiares. Outros, após as independências de seus países, enviavam os filhos pequenos para a Europa ou os Estados Unidos, a fim de lhes permitir, sem atraso, a prática da língua francesa ou inglesa.

Essa situação ainda hoje persiste dentro do quadro das sequelas da colonização. É suficiente que alguém tenha dois anos nos Estados Unidos ou Londres, preparando um mestrado ou um doutorado, para na volta ao seu país mesmo o famoso francês não valer mais nada. Cidadão e cidadã falam, daqui por diante, o inglês, mais importante para as relações mundanas, a documentação científica, etc., esquecendo-se da sua língua original, que não será conhecida por seus filhos. Nessa linha, sua música não vale nada, porque o colonizador assegurou-lhes que ela é desordenada e semelhante a miados de gato. Sua discoteca compõe-se totalmente de som estrangeiro. Alguns chegam a admitir que os discos nacionais prejudicam seus aparelhos. Não condenamos o fato de ouvir música universal, mas recusar a própria é internalizar o preconceito racial criado pelo colonizador, ou seja, alienação pura e simples. Algumas vezes, o que acreditamos ser "autenticamente" africano não é outra coisa senão elementos da civilização ocidental integrados pela força do alheamento.

Outra maneira de embranquecer está naquilo que se costuma chamar *erotismo afetivo*. São as relações sexuais entre uma mulher negra ou mestiça e um homem branco, e vice-versa. A questão do sexo misto já era objeto de falsa especulação científica no século XIX. Paul Broca escreveu que tal relação é possível somente entre um homem branco e uma mulher negra. O contrário não o seria, porque o homem negro tem um pênis excessivo, e a mulher branca uma vagina estreita, mostrando até que ponto o sexo é um motivo de distanciamento numa sociedade machista dominada pelo branco. Mesmo no caso de um cruzamento possível, Paul Broca acreditava que tal união era ordinariamente estéril e, se fecundada, o ser gerado seria incapaz de desenvolver-se normalmente, tanto no plano físico como no moral. Nessa época, nasceu o preconceito que ainda hoje persiste sobre os mestiços, considerados fracos física e moralmente.

Além dos abusos exercidos nas filhas e nas empregadas domésticas, correntes nos contextos colonial caracterizado pela relação de força, houve raras situações em que um homem branco viveu regularmente com uma mulher negra ou mestiça. Frantz Fanon narra situações em que a mulher intelectual negra quer de qualquer jeito embranquecer-se através do casamento com um branco, e a mulher mestiça persiste nessa tentativa para não regredir no esforço de ascensão social e de salvação da raça. A demonstração dessa vontade de embranquecimento através do matrimônio misto aparece no livro *Je suis martiniquaise*, de Mayotte Capécia, citado por Frantz Fanon (1952, p. 36):

> Mayotte gosta de um branco de quem tudo aceita. É um senhor. Ela nada reclama, nada exige, a não ser um pouco de brancura na sua vida. E, quando perguntada se ele é bonito ou feio, enamorada responde: "Tudo o que eu sei é que ele tinha olhos azuis, cabelo loiro, pele pálida e que eu o amava".

Colocando os termos no lugar: amava-o, porque tinha cabelo loiro, olhos azuis e pele pálida. Amava-o, porque era branco, não importava se bonito ou feio, jovem ou velho, baixo ou alto. Sem negar o amor autêntico, livre, romântico, o que se configura é a não realização das pessoas numa relação mista enquanto não forem expulsos os sentimentos de inferioridade.

Uma das preocupações mais constantes dos jovens intelectuais, quando chegavam à Europa, era manter relações sexuais com uma mulher branca. Alguns diziam, em tom de brincadeira, que era uma maneira de vingar a raça negra. Mas não se pode descartar aqui a vontade de diluir simbolicamente a sua inferioridade no ato em si ou de tornar-se branco pela posse sexual, ou ainda a possibilidade de melhorar a raça através de uma progenitura mestiça. A mulher loira pode ser insípida e de traços banais, mas parece superior à raça negra ou mestiça. Um produto fabricado pelo colonizador, uma palavra dada por ele são recebidos com confiança. Hábitos, roupas, alimentos, arquitetura são rigorosamente copiados, mesmo sendo inadequados. Prefere-se comprar joias de baixa qualidade nas butiques europeias em vez de objetos artísticos, abandonados aos turistas europeus. As negras desesperam-se, alisando os cabelos e torturando a pele com produtos químicos, a fim de clareá-la um pouco. Escondem-se o passado, as tradições, as raízes.

Infelizmente, o esforço do negro para tornar-se branco não obteve o sucesso que ele esperava. Vestidos à europeia, de terno, óculos, relógio e caneta no bolso do paletó, fazendo um esforço enorme para pronunciar adequadamente as línguas metropolitanas, os negros não deixavam de ser macaquinhos imitando homens.

As lojas, os cinemas e os restaurantes reservados aos brancos não lhes foram abertos. Nos campos e nas cidades continuavam sendo objeto de inúmeras humilhações: insultos, brutalidade, surras, abuso das filhas, etc. Ao seu esforço em vencer o desprezo, vestir-se como o colonizador, falar a sua língua e comportar-se como ele, o colonizador opõe a zombaria. Declara e explica ao negro que esses esforços são vãos; com isso o negro ganha apenas um traço suplementar: o ridículo.

Historicamente, todas as condições foram reunidas para que se chegasse a um impasse de assimilação. Na realidade, pensar que o colonizador pudesse ou devesse aceitar de bom grado a assimilação, ou seja, a emancipação do negro, seria escamotear a relação colonial. Admitir que o colonizador empreendesse espontaneamente uma transformação total do seu Estado, isto é, condenasse os privilégios coloniais e os direitos exorbitantes dos colonos e dos industriais, pagasse humanamente a mão de obra negra, promovesse jurídica, administrativa e politicamente os negros, industrializasse a colônia, etc. seria simplesmente convidar o colonizador a acabar consigo mesmo. Nas condições contemporâneas da colonização, esta é incompatível com a assimilação. Tudo leva a crer que ela foi apenas um mito, pois o caminho da desumanização do negro escolhido pelo colonizador não poderia integrá-lo. Pelo contrário, criou sua desestabilidade cultural, moral e psíquica, deixando-o sem raízes, para melhor dominá-lo e explorá-lo.

O negro recusa a assimilação

Era tempo de buscar outros caminhos. A situação do negro reclama uma ruptura, e não um compromisso. Ela passará pela revolta, compreendendo que a verdadeira solução dos problemas consiste não em macaquear o branco, mas em lutar para quebrar as barreiras sociais que o impedem de ingressar na categoria dos homens. Assiste-se agora a uma mudança de termos. Abandonada a assimilação, a liberação do negro deve efetuar-se pela reconquista de si e de uma dignidade autônoma. O esforço para alcançar o branco exigia total autorrejeição; negar o europeu será o prelúdio indispensável à retomada. É preciso desembaraçar-se dessa imagem acusatória e destruidora, atacar de frente a opressão, já que é impossível contorná-la.

Aceitando-se, o negro afirma-se cultural, moral, física e psiquicamente. Ele se reivindica com paixão, a mesma que o fazia admirar e assimilar o branco. Ele assumirá a cor negada e verá nela traços de beleza e de feiura como qualquer ser humano "normal".

O negro foi reduzido, humilhado e desumanizado desde o início, em todos os cantos em que houve confronto de culturas, numa relação de forças (escravidão x colonização), no continente africano e nas Américas, nos campos e nas cidades, nas plantações e nas metrópoles. Essa redução visava a sua alienação, a fim de dominá-lo e explorá-lo com maior eficácia. No entanto, nem todas as populações negras foram totalmente alienadas. Uma categoria de africanos teve, ao menos no começo, uma reação de reserva diante das inovações introduzidas pelo colonizador. Trata-se da maioria das populações vivendo ainda nos territórios étnicos e das massas espalhadas em todas as cidades de origem colonial. Isso não significa que esses anônimos não tivessem contato bruto com o estrangeiro. Tiveram sim, como todos. Mas felizmente continuaram a praticar uma espécie de resistência passiva, funcionando como um bastião, no qual o patrimônio cultural legado dos ancestrais continuou a ser transmitido de geração a geração. O povo guardou sua língua e sua arte, maquis que o protegiam das tentações alienantes.

A esse respeito, Amílcar Cabral disse que o problema de voltar às raízes não se coloca para as massas. Elas constituem a única entidade realmente capaz de criar e de preservar a cultura, de fazer a história. É preciso, então, dentro da África, fazer a distinção entre a situação dos grupos que se preservaram e daqueles que, em maior ou menor grau, se alienaram (CABRAL, 1980, p. 174-179).

Nesse sentido, o movimento de *negritude*, enquanto volta às origens, não se interesse diretamente pelo povo. Contrariamente às massas, as elites coloniais autóctones resultantes do processo de colonização, mesmo quando portadoras de certo número de elementos culturais originais, vivem material e espiritualmente os do colonizador. No tempo de duas a três gerações de colonizados, formou-se uma camada social composta de funcionários da colônia, empregados de diversos ramos da indústria e do comércio, membros das profissões liberais e um número reduzido de proprietários urbanos e rurais. Essa nova classe pequeno-burguesa – forjada pela dominação estrangeira e indispensável ao sistema de exploração colonial –, situa-se entre as massas trabalhadoras (dos campos e das cidades) e a minoria representante das metrópoles. Embora possa ter relações mais ou menos desenvolvidas com as massas ou etnias mais tradicionais, essa pequena burguesia nativa aspira, em geral, a um nível de vida semelhante à dos brancos.

No entanto como vimos, não pode fugir da condição de camada social ou classe marginalizada. Essa marginalização constitui, tanto na África quanto nas diásporas implantadas nas matrizes colonialistas, o drama sociocultural das elites pequeno-burguesas negras, vivido intensamente segundo as circunstâncias materiais e o nível de aculturação, mas sempre no plano individual e não coletivo (CABRAL, 1980, p. 176-177).

Ao lado do confronto aberto entre os dois extremos da sociedade colonial, desenvolve-se nas faixas intermediárias um sentimento de amargura e frustração, além de um desejo urgente de contestar a marginalidade e descobrir uma identidade. Daí a volta imperiosa às origens. Mas isso não constitui em si um ato de luta contra a dominação estrangeira (colonialista e racista) nem significa necessariamente um retorno às tradições. É a negação do dogma da supremacia colonizadora em relação à cultura do povo dominado, com o qual sente necessidade de identificação, a fim de resolver o conflito em que ambos se debatem.

Quando o fenômeno de *volta às raízes* ultrapassa o indivíduo, para se expressar através de grupos ou movimentos, os fatores que condicionam a evolução político-econômica, dentro e fora do país, já atingiram o ponto em que a contradição se transforma em conflito (velado ou aberto), prelúdio do movimento de pré-independência, ou seja, da luta de libertação contra a dominação estrangeira. Assim, esse retorno só é historicamente consequente quando implica não apenas um engajamento real na luta pela independência, mas também uma identificação total e definitiva com as aspirações das massas; quando além de contestar a cultura do estrangeiro, confronta sobretudo a dominação em sua globalidade (CABRAL, 1980, p. 176-177).

Acreditamos ter explicado e mostrado suficientemente as condições, as circunstâncias e os fatores históricos nos quais nascem a *negritude* e seu predecessor, o *pan-africanismo*, ambas as expressões pertinentes da volta às origens, fundamentadas principalmente no postulado da identidade cultural de todos os africanos negros. Curiosamente, foram concebidas em espaços fora da África negra. O vento que as levou soprou a partir das Américas, tendo como origem provável os Estados Unidos, passando pelo Haiti, seguindo seu caminho até a Europa, manifestando-se na Inglaterra para se cristalizar, enfim, na França, em Paris, no Quartier Latin. A partir daí alastra-se, cobrindo toda a África negra e os negros em diáspora, isto é, as Américas.

Vamos acompanhar o vento e a onda, observando e analisando personalidades e países, às vezes citando as datas dos acontecimentos a eles relacionados.

Nos Estados Unidos

Após séculos de imitação cega, alguns escritores negros tomam consciência de que, de todos os grupos étnicos povoando os Estados Unidos – anglo-saxões, italianos, alemães, poloneses, judeus, etc. –, eles são os únicos a sofrer uma lavagem cerebral, levando-os até a acreditar que são naturalmente inferiores e não têm história. Esses escritores preocuparam-se em estabelecer a verdade e exorcizar entre seus irmãos de raça o profundo complexo de rejeição inculcado durante séculos. Limitemo-nos apenas aos dois mais conhecidos: o Dr. Du Bois e Langston Hughes, o Pai da Negritude e o representante do movimento conhecido sob o nome de Renascimento Negro, respectivamente.

W. E. B. Du Bois (nascido em 1863) fez seus estudos nas universidades de Fusk, Harvard e Berlim, onde se doutorou em Filosofia. Seus trabalhos como historiador revelaram aos companheiros negros um passado africano do qual não se devem envergonhar.

> Sou negro e me glorifico deste nome; sou orgulhoso do sangue negro que corre em minhas veias...

declara ele, sem hesitação (DU BOIS, 1977, p. 140). Em 1900, foi secretário do Primeiro Congresso Pan-Africano, convocado em Londres por um advogado de Trindade, Henry Sylvester Williams, movimento do qual se tornou presidente depois da morte deste último. É considerado o pai do *pan-africanismo* contemporâneo, que, antes dos africanos, protestou contra a política imperialista na África, em favor da independência, na perspectiva de uma associação de todos os territórios para defender e promover sua integridade. Sem pregar a volta para a África dos negros americanos, defendia os direitos deles enquanto cidadãos da América e exortava os africanos a se libertarem em sua própria terra. Por ter defendido a volta às origens, Du Bois merece também o nome de Pai da Negritude.

Sua influência foi considerável sobre personalidades africanas de primeiro plano, tais como Nnamdi Azikiwe, futuro presidente da Nigéria, Kwame Nkrumah, primeiro presidente da República de Gana, cujo mito do *pan-africanismo* foi uma das ideias-força, Jomo Kenyatta, primeiro presidente da República do Quênia.

Du Bois exercerá também profunda ascendência sobre os escritores negros americanos. Seu livro *Almas negras* tornou-se verdadeira bíblia para os intelectuais do movimento Renascimento Negro (entre 1920 e 1940). Reagindo, por sua vez, contra os estereótipos e preconceitos inveterados que circulavam a respeito do negro, longe de lamentar-se de sua cor, como acontecia com alguns no passado, o movimento reivindica-a, encontrando nela fonte de glória. Tratava-se de ter a liberdade de se expressar como se é, e sempre se foi; de defender o direito ao emprego, ao amor, à igualdade, ao respeito; de assumir a cultura, o passado de sofrimento, a origem africana.

Todo esse programa é revelado de forma concisa e sem arrogância num parágrafo célebre de um artigo da revista *The Nation*, de 23 de junho de 1926, considerado o manifesto do movimento ou, ainda, a declaração de independência do artista negro:

> Nós, criadores da nova geração negra, queremos exprimir nossa personalidade sem vergonha nem medo. Se isso agrada aos brancos, ficamos felizes. Se não, pouco importa. Sabemos que somos bonitos. E feios também. O tantã chora, o tantã ri. Se isso agrada à gente de cor, ficamos muitos felizes. Se não, tanto faz. É para o amanhã que construímos nossos sólidos templos, pois sabemos edificá-los, e estamos erguidos no topo da montanha, livres dentro de nós.

Langston Hughes (nascido em 1902, de pai branco e mãe negra) foi também muito prestigiado pelos iniciadores da *negritude*. Quando foi a Paris, tornou-se amigo pessoal de Leon Damas e de Senghor. Não à vontade na civilização ocidental, segundo ele, dura, forte e fria, seu coração bate nos tantãs africanos e contempla a sarabanda das luas selvagens.

> Todos os tantãs do mato batem no meu sangue. Todas as luas selvagens e ferventes do mato brilham na minha alma.

No entanto, ele não procurou fugir do combate cotidiano do seu povo. É na América que ele ficará, pois escreverá: *Eu também sou a América*.

Na Europa

Quando os estudantes negros dos países colonizados começaram a povoar as universidades europeias, particularmente as de Paris e Londres, perceberam aos poucos algumas contradições, notadamente em relação à política de assimilação e às rivalidades entre as potências. O mito da civilização ocidental como modelo absoluto, tal como era ensinado nas colônias, começou a desfazer-se assim que os africanos pisaram o solo europeu.

> Estávamos orgulhosos de sermos franceses, apesar de negros africanos,

declarou Senghor:

> Revoltamo-nos, às vezes, por sermos considerados apenas consumidores de civilizações. As contradições da Europa: a ideia não ligada ao ato, a palavra ao gesto, a razão ao coração e daí à arte. Estávamos preparados para gritar: hipocrisia!

Era o desencanto.

Além do mais, os múltiplos contatos entre estudantes negros de diversas procedências abriram-lhes os olhos sobre a sorte reservada a seu povo em toda a parte. Assim, chegaram rapidamente a uma consciência racial (não racista). Eles se convenceram de que a opressão sofrida não era apenas a de uma classe minoritária sobre uma outra majoritária inferiorizada, mas ao mesmo tempo a de uma raça, independentemente da classe social.

As duas guerras mundiais de que participaram os africanos permitiram-lhes tomar conhecimento das grandes divisões em que vivia a Europa e o mundo dito civilizado de modo geral. Os negros viram-se envolvidos nos conflitos de seus dominadores, com os quais nada tinham a ver diretamente. Perceberam que os brancos não eram super-homens, e sim homens capazes de barbaridades pavorosas. Ocorreu, com elas, uma verdadeira desmistificação.

A Segunda Guerra Mundial serviu como ponto de partida da descolonização, ou seja, da luta de libertação. A esse respeito, o pastor Sithole, criticando o Império Britânico na África Austral escreveu:

> Vocês disseram que os alemães não têm o direito de dominar o mundo. Os ingleses também não têm o direito de manter os africanos na sua dependência (BIMWENYI-KWESHI, 1977, p. 138).

A experiência das duas guerras, o desencanto dos intelectuais negros nas metrópoles e os escritos das personalidades negras americanas já mencionadas são fatos, entre outros, que explicam a negritude na diáspora europeia, particularmente na francófona.

Entre os precursores, duas personalidades marcantes: René Maran (1887-1960) e o Dr. Price-Mars, do Haiti (1876-1969).

René Maran, nascido na Martinica de pais guianenses, foi criado na França, considerando-se inteiramente francês. Engajado na administração colonial francesa, trabalhou em Obanguichari (antigo império centro-africano), onde morou treze anos. Familiarizou-se com a população negra dessa região, cuja língua aprendeu. De suas observações e anotações publicou um romance, *Batouala*, considerado um verdadeiro romance negro de excelente qualidade literária (1921). *Batouala* é um relato objetivo sobre a vida de um chefe de etnia. Os negros nele descritos têm qualidades e defeitos. Além do mais, Maran mostra que eles observam, pensam e criticam seus mestres europeus com uma lógica implacável e que suas queixas têm fundamento. Por fim, o autor convidava com urgência seus colegas escritores franceses a ficar cada vez mais de olho no que estava sendo feito na África em nome da civilização. Infelizmente, seu apelo não foi atendido. Pelo contrário, perdeu sua carreira na administração colonial, acusado de calúnia e de ódio.

Etnógrafo, professor e diplomata, o Dr. Price-Mars publicou, em 1928, o livro *Ainsi parla l'oncle* (*Assim falou o tio*). Nele denuncia as fraquezas das produções culturais de imitação francesa, revaloriza o folclore haitiano, o dialeto crioulo, a religião vodu, reconhecendo oficialmente as origens negras africanas da cultura haitiana, o que é uma maneira de devolver a memória ao seu povo.

> Temos a chance de sermos nós mesmos, a condição de não recusarmos nenhuma parte de nossa herança cultural, que constitui 80% da África.

Tal programa era, sem dúvida nenhuma, mais um prenúncio à negritude e caminhava na mesma direção da obra de Du Bois e dos defensores do Renascimento Negro. A convergência era certamente generalizada. Em 1956, quando do Primeiro Congresso dos Escritores e Artistas Negros, em Paris, Price-Mars foi eleito por unanimidade presidente da Associação Africana de Cultura. Como Du Bois, é visto como grande pensador do mundo negro.

No Quartier Latin

Os estudantes negros de Paris reencontram a memória do passado africano não só mediante os relatos negros americanos, Maran e o renascimento literário haitiano animado por Price-Mars, mas também por iniciativa própria, pelos etnólogos e artistas europeus de boa vontade e por alguns africanos com estudos feitos no fim do século XIX.

Em 1906, o cientista alemão Leo Frobenius escreve sobre a existência real de uma civilização africana, caracterizada pelo que ele mesmo chamou de *estilo africano*, dominando todo o continente, como expressão de seu ser. Esse jeito manifesta-se nos gestos de todos os povos negros, na sua plástica, sua dança, suas máscaras, suas crenças religiosas, suas formas sociais, no seu destino, etc. Nesse sentido, a ideia de uma África com negros bárbaros era uma invenção europeia.

A arte negra, considerada até o fim da Primeira Guerra Mundial, primitiva e inferior, é redescoberta por uns poucos artistas, que veem nela os modelos clássicos que lhes foram negados. Os pintores cubistas da escola francesa, ao entrar em contato com essa iconografia por volta de 1907, constatam que a sua pretensa inovação artística já era realizada na África. As obras não se preocupam em mostrar as impressões visuais; elas expressam a ideia que o artista tem de um objeto ou de uma pessoa. Daí a expressão "arte abstrata" relacionada a Picasso e Braque, que, sem dúvida nenhuma, se inspiraram na estatuária africana.

Para os criadores da *negritude*, repetimos, a convergência de eventos na América e na Europa foi particularmente importante. Reapareceram a memória e a dimensão histórica amputadas. Certamente, seus pés e suas mãos ainda estavam presos às amarras coloniais, mas eles tinham o que dizer e responder nos debates que animaram o Quartier Latin, na década de trinta, sobre temas literários e políticos, debates nos quais lhes foi dito que não tinham nenhuma civilização original e nada traziam à história do mundo. Eles tinham o que responder e começaram. As glórias passadas da África, as riquezas, o ideário necessário ao equilíbrio do mundo futuro, os tantãs e as danças, a emoção, a intuição, enfim, tudo o que podia ser expresso.

Um novo nome, um conceito, todo um vocabulário nasce nesse contexto, para onde se canalizavam os debates: a *negritude*, quer dizer, a personalidade negra, a consciência negra.

Em junho de 1932 publicou-se *Légitime Défense* (*Legítima defesa*), uma revista que teve só um número. A iniciativa foi de alguns estudantes negros antilhanos (Étienne Léro, René Ménil, Jules Monnerot e outros). Nela criticavam os escritores de seu país, que sempre plagiaram os modelos literários franceses. Como Price-Mars, no Haiti, essa equipe defendia a personalidade antilhana esmagada durante os trezentos anos de escravidão e de colonização: pregava a libertação não apenas do estilo e da forma, mas também da imaginação e do temperamento negros. Mirando-se no exemplo dos escritores americanos ligados ao movimento Renascimento, os moços acreditavam que o intelectual devia assumir sua cor, sua raça e tornar-se o porta-voz das aspirações do povo oprimido, em vez de escrever livros em que a sua pigmentação não pudesse ser adivinhada. Tal era a mensagem da *Légitime Défense*, título sugestivo, que despertaria a consciência sonolenta de muitos jovens antilhanos e africanos.

Após a morte da revista em 1934, dois anos depois, nasce uma nova revista, retomando a mesma bandeira e reagrupando todos os estudantes negros em Paris, sem distinção de origem. Por isso, foi batizada de *Étudiant Noir* (*Estudante Negro*).

Opondo-se também à política de assimilação cultural, o pessoal da *Étudiant Noir* reivindica a liberdade criadora do negro e condena a imitação ocidental. Aponta como meios de libertação a volta às *raízes africanas*, o comunismo e o surrealismo. Sendo as duas últimas consideradas ideologias europeias, decide-se por despojá-las de seu caráter doutrinal, transformando-as em ferramentas ou técnicas. Dava-se um grande passo em relação à *Légitime Défense*, pois, segundo Leon Damas, codefinidor da negritude, a *Étudiant Noir* nunca consentiu em seguir sem reserva os mestres europeus, modernos ou antigos.

O grupo da revista era dominado por três personalidades marcantes: o martiniquense Aimé Césaire, que criou a palavra *negritude*, o guianense Leon Damas e o senegalês Léopold Sédar Senghor, cercados de Leonard Sainville, Aristide Maugée, Birago Diop, Ousmane Socé e dos irmãos Achille. A eles se devem as grandes obras da literatura negra africana de expressão francesa, e podem ser considerados os fundadores do movimento da negritude.

Objetivos da *negritude*

O exame da produção discursiva dos escritores da *negritude* permite levantar três objetivos principais: buscar o *desafio cultural* do mundo negro (a identidade negra africana), protestar contra a ordem colonial, lutar pela emancipação de seus povos oprimidos e lançar o apelo de uma revisão das relações entre os povos para que se chegasse a uma civilização não *universal* como a extensão de uma regional imposta pela força – mas uma civilização do *universal*, encontro de todas as outras, concretas e particulares.

O desafio, a questão da identidade

Entre os três objetivos que acabamos de levantar, o que impressiona imediatamente por sua amplitude e pela variedade das disciplinas mobilizadas à sua compreensão é a afirmação e a reabilitação da identidade cultural, da personalidade própria dos povos negros. Poetas, romancistas, etnólogos, filósofos, historiadores, etc. quiseram restituir à África o orgulho de seu passado, afirmar o valor de suas culturas, rejeitar uma assimilação que teria sufocado a sua personalidade. Tem-se a tendência, sob várias formas, de fazer equivaler os valores das civilizações africana e ocidental. É a esse objetivo fundamental que correspondem as diversas definições do conceito de *negritude*.

Para Césaire, a *negritude* é o simples reconhecimento do fato de ser negro, a aceitação de seu destino, de sua história, de sua cultura. Mais tarde, Césaire irá redefini-la em três palavras: identidade, fidelidade, solidariedade.

A identidade consiste em assumir plenamente, com orgulho, a condição de negro, em dizer, cabeça erguida: sou negro. A palavra foi despojada de tudo o que carregou no passado, como desprezo, transformando este último numa fonte de orgulho para o negro.

A fidelidade repousa numa ligação com a terra-mãe, cuja herança deve, custe o que custar, demandar prioridade.

A solidariedade é o sentimento que nos liga secretamente a todos os irmãos negros do mundo, que nos leva a ajudá-los e a preservar nossa identidade comum. Césaire rejeita todas as máscaras brancas que o negro usava e faziam dele uma personalidade emprestada.

Senghor entende identidade própria como o conjunto dos valores culturais do mundo negro, exprimidos na vida, nas instituições, nas obras. É a proclamação-celebração sobre todos os tons de identidade, da personalidade coletiva, visando o retorno às raízes do negro como condição de um futuro diferente da redução presente. Os negros decidem assumir o *desprezo* para fazer dele fonte de orgulho. Tal reação devia, para ser adequada, retomar os mesmos termos de agressão cultural, neutralizá-los, desenvenená-los antes de recarregá-los de um novo sentido. A *negritude* aparece aqui como uma operação de desintoxicação semântica e de constituição de um novo lugar de inteligibilidade da relação consigo, com os outros e com o mundo.

De seu lado, o eminente historiador Joseph Ki-Zerbo exorta os africanos a estudar em sua história, confiscada em proveito de seus mestres europeus, corrigindo o que foi escrito sem eles e contra eles. Como outros historiadores do mundo, sublinha a importância da memória, necessária às operações do espírito e indispensável à coesão da personalidade individual e coletiva.

> Pegue uma pessoa, despojando-a brutalmente de todos os dados gravados em sua cabeça. Inflija-lhe, por exemplo, uma amnésia total. Essa pessoa torna-se um ser errante num mundo onde não compreende mais nada. Despojada de sua história, ela estranha a si mesma, aliena-se. A história é a memória das nações. Os povos e as coletividades são frutos da história (Ki-Zerbo *apud* Bimwenyi-Kweshi, 1977, p. 151).

Para Cheikh Anta Diop, a identidade cultural de qualquer povo corresponde idealmente à presença simultânea de três componentes: o histórico, o linguístico e o psicológico. No entanto, o fator histórico parece o mais importante, na medida em que constitui o cimento que une os elementos diversos de um povo, através do sentimento de continuidade vivido pelo conjunto da coletividade. O essencial para cada comunidade é reencontrar o fio condutor que a liga a seu passado ancestral, o mais longínquo possível (Diop, 1959, p. 147). Nesse sentido, segundo o autor, o estudo da história permite ao negro recaptar a sua nacionalidade e tirar dela o benefício moral necessário para reconquistar seu lugar no mundo moderno.

Os historiadores negros africanos esmiúçam os grandes impérios e reinos de ontem, mostrando a África negra não como uma tábula rasa, e sim como um teatro de brilhantes culturas e civilizações, cujos atuais vestígios desmentem as teses colonialistas. Afirmam ainda que, a partir das descobertas arqueológicas e paleontológicas mais recentes, a África é o berço da humanidade. Estabelecem uma relação marcante entre as civilizações negras africanas e a do Egito faraônico, enfatizando sua origem negra, contrariamente ao que certa egiptologia tendenciosa considerava, uma verdadeira falsificação moderna da história (Diop, 1979; Obenga, 1973).

As pesquisas de Yoro Diaw, no Senegal, Sarbah Casely Hayford, Aggrey, S. Johnson e N. Azikiwe, na Nigéria, L. Dube, na África do Sul, e Apolo Kaguwa, na África Oriental, situam-se na mesma perspectiva. Elas exprimem uma preocupação de afirmação baseada num passado que, graças aos seus impérios, instituições e figuras épicas, em nada fica a dever ao conquistador (Sow *et al.*, 1980, p. 146).

As análises do pensamento africano moderno põem claramente em evidência todo esse esforço centrado na valorização do passado e na vontade de construir ideologias baseadas na reconquista de identidade, fazendo história como sujeito dela.

Lutar pela emancipação

Identidade, fidelidade e solidariedade constituem, como já vimos, três aspectos de uma só personalidade cultural negra africana, tal como a perceberam os protagonistas da *negritude*. Cercá-la, celebrá-la, reivindicá-la contra a máscara branca imposta pela teoria da assimilação, era o principal objetivo do movimento da *negritude*, praticamente o único antes da última guerra.

Mas durante a Segunda Guerra e depois dela (desde 1943), o movimento ganhou uma dimensão política, aproximando-se da proposta essencial do pan-africanismo. Na atmosfera internacional dessa guerra, um esforço esmagador foi exigido dos colonizados para salvar uma civilização em chamas. A crise desperta no negro um desejo de afirmação cada vez maior. Ultrapassando os limites da literatura, a *negritude* aspira ao poder, anima a ação política e a luta pela independência. A criação poética torna-se um ato político, uma revolta contra a ordem colonial, o imperialismo e o racismo. O movimento da *negritude* deu um vigoroso impulso às organizações políticas e aos sindicatos africanos, esclarecendo-os na sua caminhada à independência nacional. Conquistadas as soberanias, continuou a servir na causa da unidade africana, ao mesmo tempo em que oferecia um quadro ideológico a partir do qual seus protagonistas, tornados homens de Estado, iam pensar o desenvolvimento econômico e social e abordar o sistema de representação dos valores culturais de seus respectivos países.

Esse pensamento, representado particularmente pelo presidente-poeta Senghor e seus ministros, não convenceu a todos. Embora a busca da *identidade* diante da *assimilação colonial* pudesse conciliar todos os negros, não era fácil realizar um acordo sobre questões de opção e orientação política, escolha do modelo de desenvolvimento e do tipo de relação a se manter com as antigas metrópoles e os grandes blocos ideológicos. Nesse sentido, críticas foram feitas ao presidente Léopold Sédar Senghor, principalmente à sua atitude em relação à *francofonia*. Entendida como a política da promoção e da expansão da língua dos deuses, o francês reagruparia países diversos, os mais desenvolvidos e os mais pobres, numa aliança ambígua e ameaçadora ao futuro das línguas negras africanas. M. Towa, filósofo da República dos Camarões, diagnosticando a armadilha do neocolonialismo, escreveu:

> L. S. Senghor, em nome da *negritude*, propõe-nos a francofonia, isto é, o fortalecimento e o desenvolvimento do francês como ideal e fundamento da nossa política e cultura. A *negritude* senghoriana manifesta assim abertamente sua verdadeira natureza: é a ideologia quase oficial do neocolonialismo, o cimento da prisão onde quer deixar-nos trincados e que devemos quebrar (TOWA, 1971. p. 99-115).

Outras análises mostraram também como, através da *francofonia*, poder-se-ia manter e consolidar a influência da língua e da cultura francesa nos novos países, as antigas colônias, consolidação que se realizaria com o consentimento dos líderes africanos. Daí a expressão *neocolonialismo linguístico*, que é a vertente cultural da dominação econômica.

Um grande descrédito caiu sobre a *negritude*. No entanto, não podemos desconsiderar todo o movimento por causa da posição pessoal de Senghor.

Repúdio ao ódio: diálogo com outras culturas

Além da busca da *identidade cultural* e da *ação política*, o terceiro objetivo fundamental da *negritude* é o repúdio ao ódio e a procura do diálogo com outros povos e culturas, visando a edificação daquilo que Senghor chamou *civilização do universal*. Esse aspecto parece-nos já atingido pelo terceiro componente da definição da *negritude* de Césaire: a *solidariedade*. Primordialmente, os negros apoiam-se no mundo inteiro. Mas o negro não quer isolar-se do resto do mundo. A questão é contribuir para a construção de uma nova sociedade, onde todos os mortais poderão encontrar seu lugar.

Diferentes acepções e rumos da negritude

Há cerca de 70 anos nascia a *negritude* enquanto conceito e movimento ideológico. Nesse período muito se escreveu sobre o assunto. Várias interpretações, às vezes ambíguas, foram formuladas, de acordo com o dinamismo da realidade do mundo negro no continente africano e na diáspora.

Percorrendo a história do conceito, poder-se-ia descobri-las. Segundo Bernard Lecherbonnier (1977, p. 105), as diversas definições da *negritude* oscilam entre duas interpretações antinômicas: uma mítica e outra ideológica. A primeira chama a si, em função da descoberta do passado africano anterior à colonização, a perenidade de estruturas de pensamento e uma explicação do mundo, almejando um retorno às origens, para revitalizar a realidade africana, perturbada pela intervenção ocidental. A segunda propõe esquemas de ação, um modo de ser negro, impondo uma *negritude* agressiva ao branco, resposta a situações históricas, psicológicas e outras, comuns a todos os negros colonizados. As duas concepções são coerentes. No entanto, a mítica seria interpretada como uma marginalização do grupo negro, podendo levá-lo, a médio ou longo prazo, ao desaparecimento. A ideológica conduziria a uma fusão da problemática negra com a dos colonizados de todas as origens, aproximando-se, portanto, da teoria marxista.

Enquanto mito, interpreta-se a *negritude* como realidade voltada ao passado, sonhadora e contemplativa, ególatra e autossuficiente, e não de combate, projetada para o futuro. Evidentemente, há certo perigo em se confundir os meios e as finalidades. Mas acredita-se que o mito é importante, na medida em que ajuda a nova ideologia a se estabelecer. As linhas-força que serão pensadas para a frente e justificadas pela análise da situação presente pertencem à ideologia (de luta), mas podem ter sucesso quando apoiadas por uma vontade coletiva, reflexo de um passado real ou mítico.

Entre as duas interpretações, existe uma variedade de definições.

Caráter biológico ou racial

A *negritude* seria tudo o que tange à raça negra; é a consciência de pertencer a ela. Enfatizou-se nas descrições anteriores que um dos elementos que entram na definição *cesairiana* da *negritude* é a *solidariedade*, ou seja, o sentimento que nos liga secretamente a todos os irmãos negros do mundo, que nos leva a ajudá-los, a preservar uma identidade comum. Todos os irmãos negros do mundo: o que isso significa? A palavra *negro* abrange negros e negroides, compreendendo os drávidas da Índia, os papuas da Nova Guiné, os australianos autóctones, etc. No entanto, os contornos geográficos da negritude como movimento historicamente datado são os da África negra e os das regiões ocupadas pelos negros de origem africana. Para Assane Seck, é preciso entender a *negritude* no sentido etimológico do termo, isto é, a civilização da negrícia, englobando ao mesmo tempo os povos atuais da África tropical e os africanos de origem transplantados (BIMWENYI-KWESHI, 1977, p. 177).

Conceito sociocultural de classe

Alguns autores, subestimando a importância do fator racial inerente ao conceito de *negritude*, preferem atribuir-lhe o significado sociocultural de *classe*. A redução de *raça* a *classe* é um modo de negar a gritante constatação social. Segundo alguns estudos, verificou-se que a agressão aos negros é não apenas socioeconômica, mas também racial, donde a grande diferença entre oprimidos negros e outros. O discurso colonial legitimador, ao qual nos referimos no capítulo 1, não deixa dúvida alguma a esse respeito. Pode-se entender a visão classista como uma tentativa de mascarar ideologicamente um mecanismo específico de opressão. Não se pode desconhecer que o mundo negro no seu conjunto vive uma situação específica, sofrendo discriminação baseada na cor. A problemas exclusivos devem corresponder dispositivos particulares.

A posição de Jean-Paul Sartre (1960, p. 111) sobre a questão *raça/ classe* é bastante esclarecedora:

> O preto, como o trabalhador branco, é vítima da estrutura capitalista de nossa sociedade; tal situação desvenda-lhe a estreita solidariedade, para além dos matizes da pele, com certas classes de europeus oprimidos como ele; incita-o a projetar uma sociedade sem privilégio em que a pigmentação da pele será tomada como simples acidente.
>
> Mas, embora a opressão seja única, ela se circunstancia segundo a história e as condições geográficas: o preto sofre o seu jugo, como preto, a título de nativo colonizado ou de africano deportado. E, posto que o oprimem em sua raça, e por causa dela, é de sua raça, antes de tudo, que lhe cumpre tomar consciência. Aos que, durante séculos, tentaram debalde, porque era negro, reduzi-lo ao estado de animal, é preciso que ele os obrigue a reconhecê-lo como homem. Ora, no caso, não há escapatória, nem subterfúgios, nem passagem de linha a que possa recorrer; um judeu branco entre os brancos pode negar que seja judeu, declarar-se homem entre homens. O negro não pode negar que seja negro ou reclamar para si esta abstrata humanidade incolor: ele é preto.

Embora acredite numa unidade final, que juntaria todos os oprimidos no mesmo combate, Sartre pensa que ela deveria ser precedida por um momento de separação ou de negatividade, que seria o racismo antirracista contido na negritude.

Caráter psicológico

A *negritude* seria o conjunto de traços característicos do negro no que se refere a comportamento, capacidade de emoção, personalidade e alma.

Definição cultural

É a afirmação do negro pela valorização de sua cultura, a começar da poesia.

O reconhecimento da dupla interpretação (mítica e ideológica) explica por que a *negritude* aparece ambígua, às vezes contraditória, o

que levou L. V. Thomas (vide Bibliografia Comentada) a distingui-la em várias séries:
- *negritude*-essência/*negritude* tomada de posição;
- *negritude* mistificadora (sonhadora, contemplativa)/*negritude* válida (de combate);
- *negritude* eterna/*negritude* episódica e histórica;
- *negritude* ególatra e autossuficiente/*negritude* que termina no passado;
- *negritude* voltada ao passado/*negritude* projetada para o futuro.

Partindo dessas oposições binárias, o autor mostra igualmente que a *negritude* pode ao mesmo tempo considerar-se realidade e mito, ideologia e utopia, ilusão, mistificação, *leitmotiv* político, reação, "ser negro", fato histórico. Não se poderia chamá-la de uma rica confusão?

L. V. Thomas faz outra classificação, mostrando como a literatura promoveu outras concepções da *negritude*:

Negritude dolorosa

O poeta negro, no esforço de comunicação com seu povo e máximo depoimento, sofre a paixão da *negrada* torturada pela história. Sente-se medo de perder cultura e alma no contato com o Ocidente e suas técnicas. É uma fase de angústia, de dor.

Negritude agressiva

É uma fase de revolta, de negação da razão, do Deus branco, da beleza ocidental, das línguas europeias. Reivindica-se a raça até nas suas carências.

Negritude serena

Atitude construtiva de reconciliação dialética. O desejo de ascender a uma cultura universal. É bom proclamar constantemente sua *negritude*, evidente na conduta e nos hábitos de cada africano. Um fundo sólido e tranquilo.

Negritude vitoriosa

Reivindicação da paternidade da civilização. Uma supercompensação idealizante. Um verdadeiro messianismo.

Esta classificação, além da sua permanência, mostra também como um escritor pode passar de uma posição a outra sem se trair, exprimindo-se simultaneamente sob vários registros (LECHERBONNIER, 1977, p. 110).

Críticas

A *negritude* nasce de um sentimento de frustração dos intelectuais negros por não terem encontrado no humanismo ocidental todas as dimensões de sua personalidade. Nesse sentido, é uma reação, uma defesa do perfil cultural do negro. Representa um protesto contra a atitude do europeu em querer ignorar outra realidade que não a dele, uma recusa da assimilação colonial, uma rejeição política, um conjunto de valores do mundo negro, que devem ser reencontrados, defendidos e mesmo repensados. Resumindo, trata-se primeiro de proclamar a originalidade da organização sociocultural dos negros, para depois defender sua unidade através de uma política de contra-aculturação, ou seja, desalienação autêntica.

Do conteúdo da *negritude* aqui sintetizado podem ser levantadas algumas ideias básicas: a unidade, a originalidade, a eficácia e a missão civilizadora da África. Geraram uma polêmica interminável e um movimento em que se acreditava ser a *negritude* uma realidade já superada. Queremos aqui recolocar e às vezes rebater essas polêmicas e críticas.

A questão da unidade

O movimento da *negritude* foi muitas vezes criticado por querer unir artificialmente povos geográfica, histórica e culturalmente diferentes, que se inserem no contexto das civilizações com motivações e destinos econômico-políticos diversos, e às vezes opostos. Como é que um negro americano ou antilhano, guianense, haitiano, cubano, africano, etc. poderá conciliar sua negritude de modo uniforme? As diferenças de colonização, a formação de classes sociais e do proletariado não dificultariam a unidade dos negros e o conteúdo da *negritude* já dentro da própria África?

Se, do ponto de vista político, socioeconômico e geográfico, não é possível conceber uma unidade entre todos os negros do mundo, histórica e psicologicamente ela pode ser estabelecida. Na história da humanidade, os negros são os últimos a ser escravizados e colonizados. E todos, tanto no continente como na diáspora, são vítimas do racismo branco. Em nível emocional, essa situação comum é um fator de unidade, expressa pela solidariedade que ultrapassa as outras fronteiras. E, como se sabe, grandes mobilizações políticas e ideológicas podem ser feitas, partindo-se da emoção entre povos diferentes. Não é possível percorrer caminhos paralelos, pois os diversos países onde vivem os negros exigem estratégias e métodos de lutas diferentes. Portanto, cada grupo de negros deve-se adaptar e reajustar o conteúdo de sua negritude, respeitando sua especialidade social, econômica, política e racial. A de um cubano, um brasileiro, um sul-africano e um americano não devem ser reduzidas a um denominador comum, apesar da solidariedade. Essa não redução não impede a troca de experiências entre as vítimas nem a comparação entre os estudiosos.

Quanto à unidade cultural, ela ocorre apenas para os negros do continente africano, tendo em vista a proximidade geográfica, as semelhanças ecológicas, a história das migrações internas e as semelhanças estruturais. Não há dúvida alguma de que já foi superado o tempo em que se sonhava com uma África unida, indivisível, berço do mundo negro e da humanidade, preservada e uniforme. De fato, os atuais Estados africanos são multiétnicos, compostos por certo número, às vezes centenas, de grupos que falam línguas diferentes. Possuem escala de valores, crenças religiosas, instituições familiares distintas. Dentro da África existe cerca de um milhar de grupos étnicos, quer dizer, culturas diferentes.

No entanto, as etnias, na sua maioria, tiveram e têm proximidade geográfica e contatos históricos, comprovados pelas migrações africanas. A tal ponto que a diversidade quase chocante esconde semelhanças importantes, permitindo aos pesquisadores estrangeiros mais destacados

(Leo Frobenius, M. Herskovits, F. Ratzel, H. Baumann, G. Montando, Daryll Forde, G. P. Murdock, Denise Paulme, Jacques Maquet) reduzir as centenas de culturas africanas a apenas alguns conjuntos ou complexos. Todos esses estudiosos tentaram deixar clara uma ideia fundamental: provar que, apesar da diversidade africana, há linhas fundamentais que caracterizam a África como uma civilização.

Uma questão fica colocada: o que isso significa, em termos africanos? Cada sociedade tem a sua herança própria, isto é, a maneira de viver, de trabalhar, de pensar e a totalidade do que resulta dessas atividades (instituições, objetos, filosofia, etc.), de modo que cada sociedade cria uma cultura, e cada cultura repousa numa sociedade. As culturas concretas podem ser resumidas em alguns grupos vastos, as civilizações. Nesse sentido, elas resumem o que seria comum a um número de culturas. Não há oposição entre os conceitos de cultura e civilização. A diferença está no fato de que as civilizações não constituem realidades imediatamente perceptíveis para as pessoas que delas participam. Cada cultura concreta é ligada a uma sociedade determinada, cujos membros têm consciência dela. A civilização não é a tradição de um grupo, e nem sempre as pessoas que dela participam percebem-na. Delimitar civilização é, portanto, tarefa de cientistas (MAQUET, 1981, p. 12-13).

Duas tendências, fundamentadas na realidade africana aparecem na literatura especializada. Uma baseia-se nas diferenças e encara o continente africano como um mundo diverso culturalmente, sem negar a possibilidade de resumi-lo em algumas poucas civilizações, pensaram autores como Maquet. Outros, ultrapassando a primeira, acham que essas semelhanças apresentam uma unidade, uma constelação, ou seja, uma configuração de caracteres que confere ao continente africano a sua fisionomia própria. Chamada *civilização* no singular, ou, para utilizar um termo mais recente, *africanidade*, ou, ainda, *africanitude*, ela se limita apenas à África subsaariana, ou seja, à África dita *negra*.

Limitar o domínio da africanidade à África negra não significaria dividir radicalmente o continente, uma contradição aos objetivos de solidariedade contidos na *negritude*? Segundo os especialistas das civilizações muçulmanas, que estudam as sociedades e culturas africanas do Norte, o Maghreb liga-se ao Islão árabe e, através dele, ao mundo muçulmano, que vai de Rabat a Jacarta. É certo que, no plano cultural, as sociedades ao Norte e ao Sul do Saara tiveram, no curso da história, contatos notáveis. Desde o século XI, o Islão teve adeptos no reino de Gana e nas outras cidades-estados que se desenvolveram na região sudanesa. No entanto, os intercâmbios entre os habitantes das fronteiras – se podemos chamá-los assim – do Saara, não foram suficientemente intensos e numerosos para criar uma unidade cultural entre eles e, principalmente, com o resto da África, afastada pela floresta equatorial. Sem dúvida, a civilização maghrebiana pertence ao continente africano, mas não pertence à africanidade.

Qual é o conteúdo dessa africanidade? Ele é o conjunto dos traços culturais comuns às centenas de sociedades da África subsaariana. Percorramos as grandes divisões, as categorias universais de todas as civilizações: parentesco, casamento, organização espacial e controle social da comunidade, socialização dos jovens, concepções filosóficas, formas de governo e religião. Apesar das diferenças, percebemos algo que pertence a essa fisionomia africana.

A linhagem – o parentesco

A infância africana é sempre acompanhada de ritos de iniciação. A criança tem um contato prolongado com a mãe e uma forte dependência em relação a sua linhagem. O cordão umbilical nunca é cortado inteiramente e, mesmo quando chegam à idade madura, fisiológica e socialmente aptos ao casamento, os indivíduos encontram os respectivos cônjuges por intermédio da linhagem. É nesse contexto que o indivíduo apreende seus papéis dentro da sociedade, principalmente no comportamento em relação aos pais.

O sistema de parentesco é a referência fundamental do africano. Não é a profissão, a nacionalidade, a classe social. Foi em função disso que se criou o que alguns autores chamam de *tribalismo*, palavra feia, que não traduz a realidade africana. Nessa ordem de ideias duas vertentes subdividem a África de que tratamos: a matrilinearidade e a patrilinearidade. Quer dizer, pelo pai ou pela mãe, a criança liga-se a vários ancestrais situados evidentemente numa mesma linha. Geralmente os antepassados constituem um triângulo cuja base se alarga a cada geração. Os vivos são unidos aos mortos porque através deles a força é transmitida e unidos entre si, pois todos participam da mesma vida.

A autoridade do tio materno em relação aos filhos de sua irmã é essencial nas sociedades africanas matrilineares. A conduta descontraída em relação aos avós, cercada de certo respeito, é uma realidade encontrada em toda a África negra.

Palavra – força vital – morte

Pelo uso da palavra e do gesto, o homem pretende apropriar-se de uma parte importante da força que irriga o universo para suas próprias finalidades ou fins sociais, no caso dos chefes políticos. Essas palavras são eficazes, pois carregam energias. A palavra na África negra pode matar.

O mundo é um conjunto de forças hierarquizadas: deuses, ancestrais, mortos da família, chefes, pais, etc. até as crianças. Através dessas categorias circula uma energia vital na direção dos deuses, passando pelos ancestrais, que são intermediários entre os vivos e os mortos, até chegar aos mais jovens, comuns dos mortais. Há técnicas, como as práticas mágicas e a feitiçaria, para interferir no curso das forças, no sentido de diminuí-las ou aumentá-las. A própria morte constitui um exemplo de diminuição de força vital. Assim, ela e o princípio de sua circulação caracterizam toda a África negra.

A morte não tem um caráter trágico, pois significa apenas o desaparecimento de um ser cuja realidade última está inteiramente subordinada às entidades preexistentes, que sobrevivem em relação a ele: linhagem, sociedade, mundo. Como nunca se separou completamente deles durante a vida, ele não percebe a morte como uma ruptura total. Logo, ela não representa um corte, e sim uma mudança de vida, uma passagem para outro ciclo; o morto entra na categoria dos ancestrais, participando de maior fonte energética.

A filosofia de integração harmônica no mundo, a busca do crescimento da força essencial, a consciência da primazia do coletivo sobre o indivíduo constituem aspectos da africanidade. Evidentemente, essa visão ontológica se expressa de diversas maneiras, mas existe em todas as culturas negras africanas.

Iniciação – casamento

A iniciação é uma experiência que pode ser terrível quando acompanhada de operações cirúrgicas, tais como circuncisão ou excisão, ou ainda escarificações e deformações dentárias, que configuram as marcas étnicas. Constituem provas a ser suportadas sem queixa, pois, para desfrutar dos direitos de adulto, é preciso ser digno, mostrar a capacidade de suportar as feridas físicas e morais que a vida inflige, as dores do parto e os riscos da guerra. A iniciação é também um ensinamento, um aprendizado, e isso é muito importante nas sociedades guerreiras e pastoris.

Em relação ao casamento, ser adulto é, antes de mais nada, ser casado, ser pai, ser mãe. Nas sociedades africanas não há papel social normal previsto para os solteiros. Resultado de enfermidades físicas ou mentais, os casos de solidão voluntária aparecem raramente e são considerados aberrações ou acidentes infelizes. Geralmente, a iniciação é, em grande parte, uma preparação para o casamento. Na África negra ele é primordialmente uma aliança entre dois grupos de parentesco. Indica-se claramente a primazia da linhagem durante todas as etapas do longo processo de casamento. A preferência individual existe, mas é menos importante.

Uma característica do matrimônio é o dote, que sempre vai da família do futuro marido à da mulher. Num sistema patrilinear a sua origem estaria realmente na troca de mulheres, uma forma de perpetuar as linhagens, pressupondo a exogamia. Originalmente o dote do marido era uma mulher de sua linhagem, isto é, o mais comum era que as esposas dos homens de estirpe viessem do exterior, e suas filhas ou irmãs saíssem para se casar, pois, circulando, as mulheres tinham condições de continuar as linhagens patriarcais. Nem sempre essa forma mais simples é a mais praticada por diversos motivos: condições demográficas, divórcio, etc. Daí a união por compensação matrimonial, por dote (aqui entendido por bens materiais) para evitar esses inconvenientes.

O casamento africano também comporta rituais. Por exemplo, só há transferência dos direitos sobre a primogenitura da mulher quando os bens matrimoniais forem deslocados, ou seja, o pai só efetiva o direito de paternidade quando a família da mulher recebe o dote.

A poligamia, um dos traços fundamentais da África negra, tem função econômica, política e religiosa. No entanto, estruturalmente, as sociedades matrilineares não podem permiti-la. Nelas, o homem, depois do casamento, deve abandonar suas famílias e linhagem, para viver nas da mulher (residência matri ou uxorilocal). É impossível, nesse caso, a poligamia, exceção feita aos chefes políticos.

Poder – governo – democracia

São diversas as formas de governo africano: chefias, reinos e até impérios, anteriores à colonização. No entanto, elas têm em comum certas características. O poder, a autoridade do patriarca da linhagem, baseia-se nos laços de sangue assim como de um chefe de aldeia. Numa chefia, a lei da territorialidade predomina para justificar a autoridade, mas o fundamento do poder está no parentesco, pelo sangue e pela socialização. Ainda que não seja real, ele pode ser mítico. Sempre se inventa uma relação de parentesco, se necessária, para poder justificar o poder, mesmo no caso das chefias e dos reinos, em que a territorialidade é preponderante.

Nas monarquias africanas, não há uma separação nítida entre os poderes legislativo, judiciário e executivo, geralmente reunidos na pessoa do monarca. Teoricamente, chegar-se-ia a um certo absolutismo. Na prática ele é neutralizado pela união das linhagens, grandes forças sociais, as quais o rei deve respeitar. Podem ocorrer revoltas para derrubar o poder ou migrações de algumas facções de população para outros territórios, se não há sucesso no levante. A história dos êxodos africanos e a criação de novos reinos têm base nessas disputas.

O poder supremo do monarca africano é geralmente sagrado. O soberano, por seu cargo, e não por predestinação individual, ocupa uma posição privilegiada no universo das forças vitais do qual participa, pois é representante do seu povo. Há uma identificação mística entre o rei e o povo. Nesse sentido, em numerosos reinos do Leste e Oeste da África, quando o rei adoece ou se enfraquece, a própria força do grupo está ameaçada. As colheitas diminuem, o gado produz menos leite, as mulheres tornam-se pouco fecundas. Por isso, o rei, cuja perda de vitalidade contamina o país todo, deve suicidar-se ou *adormecer*, como se diz no reino do Golfo do Benin. Em tese, o rei não pode morrer – nem por suicídio, nem por morte natural – porque ele é eterno. Por isso, quando o monarca entra no seu repouso definitivo, o evento é escondido em algumas sociedades; em outras, os ritos funerários negam a morte – neles o rei deve renascer na forma de um animal, que se manifesta na pessoa de seu sucessor. Geralmente, o rei divino submete-se a uma série de ritos e tabus. A sucessão e hereditária e legitimada pela lei da genealogia. Com a linha de preferência matrilinear ou patrilinear, sempre existe um grupo ou uma categoria de sucessores possíveis, e não um único. A escolha é feita pelos dignatários ou notáveis, os chefes de linhagens. Às vezes acontece uma guerra de sucessão entre os candidatos e as facções que os sustentam. A rigidez do princípio hereditário ameniza-se pela pluralidade dos aspirantes, e aquele com maior apoio tem mais chance. A corte na administração influencia, e muito. Nela sempre há quem é amigo do rei, parente, representantes das linhagens, etc.

A democracia negra africana define-se pelo princípio da unanimidade, e não da maioria parlamentar. Os velhos discutem horas e horas embaixo de uma árvore, até chegar a um consenso. Enquanto não se chega a ele, há facções de poder; mas para se tomar uma decisão tem de haver concordância geral. Isso explica em parte por que, em muitos países da África negra, o regime parlamentar não deu certo. A tendência é voltar ao partido único e reencontrar essa unanimidade perdida.

Resumindo, aqui se procurou precisar o conteúdo da africanidade, percorrendo-se as grandes divisões culturais, categorias universais de todas as civilizações. No desenrolar desta visão panorâmica, vimos instituições e representações mentais comuns a todas as sociedades negras africanas (MAQUET, 1967; MUNANGA, 1985, p. 64-78).

Evidentemente, embora haja resistência, parte dessas formas culturais pertence ao passado africano, à África *tradicional*. Dito de outra maneira, pensamos a *negritude*, a africanidade construída a partir dele. Mas, como já foi enfatizado, o passado em si mesmo não é uma finalidade, apenas um meio. Por ele chegamos à africanidade moderna, que se tentou realizar na ideia dos Estados Unidos da África, defendidos no sonho de alguns grandes líderes africanos como Kwame Nkhruma e Sékou Touré. Ela resulta da história do colonialismo e de sua peculiar opressão, que, emocionalmente, reúne todos os africanos e explica o sucesso das grandes lideranças e partidos nacionalistas, apesar das oposições das antigas identidades étnicas e de suas manipulações políticas (MUNANGA, 1985).

Se culturalmente a africanidade pode ser defendida, ideologicamente não, pois introduz a ideia de uma divisão do continente africano baseada na cor da pele. Estamos falando de uma unidade cultural, com coincidência entre a biologia e a cultura, entre a raça negra e a africanidade. Por isso, alguns críticos preferem a ideia do pan-africanismo, que, além de unir politicamente todo o continente, não cria distinção racial nem instiga nenhuma cultura particular a se defender.

A eficácia

A eficácia da *negritude* constitui outro ponto de controvérsia, pois há quem pense nela como um racismo antirracista, uma fobia do negro, ou melhor, uma xenofobia, e nada se resolveria substituindo uma fobia por outra, vivendo num gueto cultural. Um tigre, como disse Wole Soyinka, da universidade nigeriana de Ibadan, não precisa proclamar sua tigritude. Para ser eficaz, ele ataca sua presa, ou ainda, segundo Stanislas Adotevi, um grande crítico da *negritude* senghoriana, não se pode desarmar um homem de baioneta com uma linda poesia. Ineficaz e vazia, a *negritude* é para ele apenas uma maneira negra de ser branco.

Se admitirmos com Memmi (1967) que a xenofobia e o racismo consistem em discriminar globalmente qualquer grupo humano, em condenar *a priori* todo indivíduo do mesmo, caracterizando-o com um comportamento irremediavelmente constante e nocivo, o colonizado é, de fato, xenófobo e racista. Tornou-se uma coisa e outra. Mas é preciso assinalar, ao mesmo tempo, que o racismo do colonizado é o resultado de uma mistificação mais geral, a colonialista. Em outros termos, ele não é biológico nem metafísico, mas social e histórico. Não se fundamenta na crença da inferioridade do grupo branco detestado, mas na convicção, e em grande parte na constatação de que é definitivamente agressor e maléfico. Indo em frente, se o racismo europeu moderno detesta e despreza o negro mais do que o teme, o racismo do negro teme o branco e continua a admirá-lo. Em resumo, o racismo do negro não é de agressão, é de defesa e relativamente fácil de ser desarmado. Para isso, basta o ataque branco acabar.

Negritude, apenas um problema do intelectual

Sem minimizar a importância histórica da *negritude*, convém salientar que ela era, pelo menos na sua primeira fase, um movimento essencialmente intelectual, incapaz de atingir as bases populares, cujas aspirações eram diferentes; sua resistência cultural nada tinha a ver com os problemas de assimilação cultural do estudioso africano. Isso não quer dizer que as massas nos campos e nas cidades foram totalmente poupadas das influências ocidentais. Tiveram-nas e em todos os domínios: religião, economia, tecnologia, medicina, etc. Só às vezes aprenderam a ler e escrever nas suas línguas maternas. Em vários países africanos, principalmente nas cidades, quase não se notam igrejas e monumentos tradicionais. Frequentemente, as funções religiosas dos chefes ancestrais foram perturbadas e até desnaturadas pelos interesses do colonizador. O agricultor ia ao campo de bicicleta, utilizando francos, dólares, *shillings*, sapatos, calças, relógios, etc. A monetarização criou novos problemas ao substituir pela moeda os sempre usados objetos simbólicos, provocando especulação comercial em algumas cidades que, em longo prazo, pode desvirtuar o valor profundamente religioso das trocas originais. Paralelamente a essa ascendência, observa-se, no entanto, que os pigmeus continuam a caçar no seu ambiente natural, utilizando o arco e a flecha e cultuando seu deus, pois são monoteístas. As populações semissedentárias das clareiras e as sedentárias agricultoras das savanas seguem nos seus respectivos ambientes naturais, empregando a enxada e realizando seus ritos agrários de fertilidade da terra. Os pastores do Leste, os bosquímanos e os hotentotes não foram atingidos pela industrialização. Menos de 20% das populações africanas vivem nas cidades com indústrias.

Sem ser exageradamente pessimistas ou otimistas precisamos reconhecer que uma das propriedades fundamentais das culturas humanas é a mudança, a dinâmica. As massas populares africanas assimilaram alguns elementos da civilização ocidental e os interpretam para uma melhor integração. Outros foram rejeitados por ter entrado em choque com a estrutura tradicional. Não percamos de vista a situação colonial, caracterizada por contatos forçados, numa relação desfavorável ao colonizado. Nesse sentido, muitos traços europeus, considerados como emprestados pelos africanos, foram apenas impostos, e consequentemente não assimilados. Se houve mudanças, elas não foram suficientemente profundas para descaracterizar culturalmente o povo negro, ou seja, não criaram crise estrutural. Desse ponto de vista, as massas africanas não se alienaram no confronto e não podiam ser objeto da *negritude*, pelo menos na sua primeira fase.

Se naquela época, a problemática da *negritude* não se colocava para grande parte da África negra, hoje o consumismo veiculado pelos meios de comunicação constitui uma arma por vezes mais eficaz do que a força bruta que caracterizou a situação colonial. Em que medida as mesmas artimanhas da alienação colonial não estarão embutidas sutilmente nessa propaganda consumista? A questão merece um estudo aprofundado. A título de ilustração, veja-se a mulher negra, em algumas cidades africanas, mesmo dentro das camadas populares. Há certa tendência em alisar o cabelo e clarear a pele, utilizando elementos químicos fabricados para ela pelo branco. Em determinados países da África negra (não são todos), os cremes para branquear foram popularizados, sobretudo depois das independências. Outros autorizaram em seu território a instalação de indústrias que fabricam tais produtos. No entanto, vários governos têm tomado medidas interditando a sua importação e venda. Nesses lugares, infelizmente, instaurou-se um comércio clandestino. A mulher negra continua a usar peruca e alisar o cabelo para se parecer com a branca, que é o ponto de referência de beleza humana. Em países onde a autoridade pública conseguiu banir a peruca, ainda resiste o creme cosmético e o pente de alisar o cabelo de nossas mulheres. O complexo de inferioridade do negro africano em relação a seu físico, ou seja, a sua alienação, virou um motivo de lucro, industrializando-se. Se o negro africano não consegue reduzir o volume de seus lábios e modificar a forma de seu nariz, é porque ele não possui os meios econômicos, pois são onerosas as taxas da medicina "estética". Acrescente-se o fato de termos ouvido pessoas negras gabarem-se publicamente (entre famílias bem-sucedidas) de possuir lábios finos e nariz proeminente como os brancos (Munanga, 1978, p. 149-150).

Se na década de trinta e nos anos seguintes a *negritude* não sensibilizava as massas negras, hoje a manipulação da alienação pelos meios de comunicação obriga-nos a recolocar a questão. O contexto é diferente, e o conteúdo deveria ser outro. Se a coisa não existiu naquela época, hoje ela ressurge nos parâmetros do neocolonialismo.

Originalidade e *negritude*

Um movimento crítico em volta da questão da originalidade reuniu vários intelectuais, negros e brancos, que provavelmente trabalharam de modo independente, mas chegaram quase às mesmas conclusões. Nele podemos incluir nomes como Stanislas Adotevi, Frantz Fanon, Cheikh Anta Diop, Alfredo Margarido, Jean-Paul Sartre, Marcien Towa, René Ménil, etc.

Todos concordam que, se a reação do negro contra o racismo colonial branco foi historicamente justa e legítima, ela não encontrou respostas adequadas dentro da *teoria da negritude*. Criou falsos problemas e deu respostas tendenciosas. Formação mitológica como seu precedente, a *negritude* não foi capaz de romper o discurso legitimador do colonizador do qual tomou seus métodos.

Foram deixados de lado os problemas fundamentais do negro, históricos e socioeconômicos. Vejamos resumidamente cada um dos críticos citados.

Stanislas Adotevi

Autor de *Negritude et négrologues* (1972), um livro que reúne vários ensaios e uma crítica severa a Senghor, Adotevi concorda com o princípio fundamental da reivindicação da originalidade da raça negra, mas questiona a noção de *negritude* dotada de especificidade, e chamada pelo destino a regenerar a humanidade pela "dança", achando-a vazia de conteúdo. Acabe-se a *negritude*, filosofia de vergonha, porque, segundo ele, o conceito como foi desenvolvido não toca no problema central da vida dos negros. Não diz nada em relação aos camponeses, que sempre trabalharam na terra, vivendo miseravelmente, nem sobre os desempregados, que não deixam de sê-lo quando afirmam sua *negritude*.

Frantz Fanon

Autor de *Peau noire, masques blancs* (1952), que rompeu com a mística branca e a negra contidas na *teoria* da *negritude*. Para ele, a desalienação do negro implica uma urgente tomada de consciência das relações socioeconômicas.

Cheikh Anta Diop

Diop (1979, 1981) condena a infantilidade de alguns autores da *negritude*, particularmente Senghor, que pensam o negro como não capaz de ciência e tecnicidade; incita os negros a tomar consciência do seu passado histórico glorioso, através da civilização do Egito faraônico. Se o negro na civilização egípcia, da qual é mestre, inventou matemática, geometria, metalurgia, eletricidade, o autor não vê por que se deve defini-lo via "emoção". A ciência e a racionalidade não são exclusividade do branco. Os negros, como todas as raças, contribuíram continuamente para o seu desenvolvimento.

Alfredo Margarido

Autor de *Negritude e humanismo* (1964), a partir dos escritos de Césaire e Senghor, tenta mostrar o que existe de racionalmente autêntico na expressão *negritude* e o que não passa de considerações ilógicas, por conseguinte abusivas.

Como amostra, Margarido cita um poema célebre de Aimé Césaire:

> *Aqueles que não inventaram nem a pólvora*
> *[nem a bússola*
> *Aqueles que nunca souberam domar o vapor*
> *[nem a eletricidade*
> *Aqueles que nunca exploraram nem os mares*
> *[nem o céu*
> *Mas aqueles sem os quais a terra não*
> *[seria a terra.* (MARGARIDO, 1964, p. 7)

Em seguida, menciona Senghor que, na busca da originalidade dos valores negros africanos, descobre uma fórmula mágica:

> *A emoção é negra e a razão é helena,*

mais tarde foi explicada pelo próprio Senghor:

> Tem-se dito com muita frequência que o negro é o homem da natureza. Vive tradicionalmente da terra e com a terra, no e pelo cosmos (MARGARIDO, 1964, p. 8).

Nessa linguagem em prosa, menos dúbia do que a poética, Senghor reencontra Aimé Césaire para fazer do negro um ser de pura natureza. O autor mostra como partindo desses dois autores e por eles influenciado, Jean-Paul Sartre vai, no ensaio "Orfeu negro" (1960, p. 105-149), colocar negros e brancos em posições antiéticas, onde o negro continua natureza e emoção, e o branco, tecnicidade (luz) e racionalidade (razão). Achando apressada a posição de Sartre, Margarido não acredita nessa oposição. Porque a identificação do negro com a natureza pura nega-lhes a capacidade de transformá-la e dominá-la e, em última instância a própria noção de cultura (comentário nosso). Todas as sociedades humanas domesticaram a natureza e inventaram as técnicas, mesmo quando eram rudimentares em relação às técnicas modernas. Um homem naturalmente puro é um mito.

Os pontos de articulação da *negritude*, segundo teses sartrianas e outras (o racismo antirracista, o sentimento do coletivismo, o ritmo, a concepção sexual, a comunicação com a natureza, o culto dos antepassados), foram também debatidos pelo autor. Mostrando como seus elementos não constituem exclusividade do povo negro, ajudou a desmistificar a nova imagem, réplica do mito anterior (racismo colonial), visão que, em vez de libertá-lo, contribuía para seu encarceramento.

Jean-Paul Sartre

Apesar de ter caído, como vivos, na oposição *branco razão e negro emoção*, Sartre arrisca uma ruptura absoluta quando fala de *sociedade sem raça*. Conceito abstrato, sem suprimir a biologia e a cor da pessoas, ela representa apenas um progresso de pensamento, uma perspectiva de realização de uma nova sociedade, em que os homens seriam simplesmente homens, independentemente da cor da pele. Aí Sartre aproxima-se de Fanon, que condena a mística branca e a negra.

Sartre levanta também severa crítica à *negritude*, quando se refere ao francês, escolhido como sua língua.

> O que prejudica perigosamente o esforço do negro de rejeitar a nossa tutela é o fato de que os anunciadores da negritude sejam obrigados a redigir seu evangelho em francês (SARTRE, 1960, p. 117-121).
>
> Entre os colonizadores, o colonizador sempre se remaneja para ser o externo mediador; ele está ali, sempre presente, mesmo nos conciliábulos mais secretos. E, como as palavras são ideias, quando o negro declara em francês que rejeita a cultura francesa, ele retoma com uma das mãos aquilo que rejeita com a outra; ele instala em si mesmo, como um moedor, a máquina de pensar do inimigo (SARTRE *apud* DIOP, 1981, p. 286-287).

Marcien Towa

Autor de *Léopold Sédar Senghor: negritude ou servitude* (1971), Towa sublinha a confusão entre o cultural e o biológico, que caracteriza a tese da emotividade do negro defendida por Senghor. Critica o fato de que o autor da *emoção negra* não a considera como traço puramente cultural, resultante das circunstâncias históricas determinadas de um modo particular de inserção ao meio ambiente, capaz de transformar e de ceder o lugar a outros, com a evolução histórica e a aparição de outros tipos de relação com o meio (1971, p. 120). Considera a *negritude* senghoriana uma teoria rigorosamente racista, pelo fato de considerar a cultura como uma consequência do patrimônio hereditário de uma raça, de uma dada população. Essas especulações de Senghor, segundo ele, têm resultados políticos consideráveis: aumentam a audiência do autor nos meios capitalistas ocidentais e reforçam a autoridade das metrópoles.

Senghor, ao proclamar que a razão faz parte da biologia do branco e a emoção da negra, quer chegar às seguintes conclusões: o mundo moderno, ao qual o negro deve se adaptar para sobreviver, repousa na técnica e na ciência, que são privilégios raciais do branco. Ora, o negro não tem recursos suficientes que lhe permitem levantar o desafio. Senghor vê saída na aceitação da tutela branca, esperando que a sua especificidade biológica possa diluir-se e desaparecer pela mestiçagem com o branco. A mestiçagem cultural repousa na biológica, pois, segundo Senghor, as raças produzem as civilizações como as árvores produzem os frutos: a mangueira, as mangas; a laranjeira, as laranjas, etc.

Por isso, a civilização do *universal*, tão sonhada por Senghor na última fase da *negritude*, não seria outra coisa senão uma civilização mestiça, síntese das belezas reconciliadas de todas as raças. Essa mestiçagem cultural resultada da biológica daria origem a uma humanidade sem raça, ou seja, uma sociedade igualitária.

Ora, se a mestiçagem biológica ignora a desigualdade, confirmada pelos especialistas da genética humana, a mesma coisa não acontece no campo da miscigenação cultural, principalmente na situação colonial ou neocolonial, caracterizada por relações de forças desequilibradas.

As teses de Senghor não são científicas, mas têm um objetivo político: justificar a dominação estrangeira e o neocolonialismo, que ele representou por muitos anos.

Nesse sentido, René Ménil tem razão quando redescobre nele o espectro de Gobineau.

René Ménil

Todos os julgamentos aqui expostos encontram-se sintetizados em René Ménil, autor de *Tracées: identité, négritude, esthétique aux Antilles* (1981).

Ménil reconhece o fundamento histórico da *negritude* enquanto resposta negra ao racismo branco baseado na colonização. Ao menos primariamente teve certa eficácia, pois contribuiu para o reagrupamento da diáspora negra e a reorganização da base de resistência à opressão colonial. Mas a *negritude* não foi capaz, segundo o autor, de romper definitivamente com o racismo branco, que é uma mitologia elaborada para justificar a opressão colonial. Ao contrário, constitui novo mito, inverso apenas na cor. Nas duas mitologias, no racismo branco e no antirracismo negro (*negritude*) há um fundamento comum: a verdade e o valor do homem estão contidos na raça. Em outras palavras, nos dois casos, a biologia suporta a cultura e dirige a história, tornando-as decorativas, em vez de práticas atividades humanas.

Tendo aceitado o combate mitológico, as duas atitudes vão trocar suas estruturas, sua maneira de filosofar, sua lógica imaginária, seus fantasmas, o essencial de seu conteúdo. Para se diferenciar, a negritude só proclamou uma ruptura, sem realizá-la efetivamente. Ela deixou intato o objeto perigoso e odiado, o racismo branco – para elaborar uma teoria análoga, mas contrária, revirando simplesmente a orientação vetorial de ideologia preexistente.

A emoção não é exclusividade de uma raça. O negro ou o branco adaptam-se ao mundo material e à sociedade dos homens; seu cotidiano enraíza-se nas reações emocionais e imaginárias dele decorrentes. É a ordem natural das coisas. A *negritude* ter-se-ia situado além do horizonte mitológico para poder identificá-lo como tal e daí provocar, num outro terreno conceitual, o que o autor chama de efeitos do real.

Ménil descobre, na elaboração da *negritude*, um encontro entre Senghor e Arthur Gobineau:

> Não é engraçado, com efeito, reencontrar instalado no centro da negritude o mesmo negro que o racismo nevrótico de Gobineau imaginou um século antes para justificar a conquista colonial da África negra – um negro afeado, bestilizado com prazer? Não é instrutivo constatar que um racismo e um antirracismo, apoiados um no outro para se combaterem, se contradizerem, brigarem, acabam por se emprestar suas ideias favoritas e por se alimentar nas mesmas fontes filosóficas (MÉNIL, 1981, p. 91-92).

No seu *Essai Sur L'inégalité des Races Humaines*, Gobineau define o negro como a criatura mais energicamente amarrada à emoção. Por seu lado, Senghor, na intervenção no primeiro Congresso de Escritores e Artistas Negros (Paris, 1956), define o negro como *emoção, homem da natureza*. É do racismo branco que o antirracismo negro, olhos fechados, vai apropriar-se do axioma fundamental. Profundamente inspirada pelo imbecil lugar-comum do negro artista, a *negritude* não vê que, se Gobineau atribui ao negro a emoção em excesso e a título exclusivo, é para tirar dele a faculdade de razão, privilégio do branco. Ver neles apenas seres humanos dotados de única sensibilidade é animalizá-los, intenção deliberada de Gobineau e do racismo colonial.

Ménil leva-nos aos textos para ilustrar a coincidência dos retratos do negro de Gobineau e de Senghor. Eis como o primeiro pinta os negros:

> A variedade melanoderma é a mais humilde e ocupa a posição inferior na escala humana. Jamais conseguirá sair do seu restrito círculo intelectual. No entanto, ela não é bruta pura e simplesmente. Se suas faculdades pensantes são medíocres e mesmo nulas (!), muitos de seus sentidos (?) são desenvolvidos com um vigor desconhecido pelas duas outras raças. Mas, ali precisamente, na voracidade de suas sensações, encontra-se a marca notável de sua inferioridade.
>
> A fonte de onde surge a arte é estranha aos instintos civilizadores. Ela está escondida no sangue do negro (!). Mas, atenção! O negro possui em alto grau a faculdade sensual, sem a qual não há arte possível, mas (!) a ausência de aptidões intelectuais o torna completamente inapropriado à cultura de arte (MÉNIL, 1981, p. 93).

Por isso, segundo Gobineau, a arte só pode resultar da mestiçagem entre o negro e branco. Agora, veja como Senghor descreve o negro e compare:

> Foi dito várias vezes, o negro é um homem da natureza [...] é um sensual, um ser de sentidos abertos (?), não intermediário (?) entre o sujeito e o objeto, sujeito e objeto ao mesmo tempo.
>
> É antes sons, cheiros, ritmos, formas e cores; digo tato antes de ser olho (?), como o branco europeu (?).
>
> É na sua própria carne que o negro recolhe e sente as radiações que emite todo existente – objeto! Abalado, ele responde à chamada e abandona-se, indo do sujeito ao objeto, do eu ao tu. Sobre as ondas do outro.
>
> Pois, o que agarra o negro é menos a aparência do objeto que sua realidade profunda, sua surrealidade: menos seu signo que seu sentido. A água o comove porque corre, fluida e azul, sobretudo porque lava, ainda mais porque purifica. Signo e sentido exprimem a mesma realidade ambivalente.
>
> Tudo isso é bonito, mas não pode ser encarado seriamente, porque, confrontada com a realidade da vida africana e antilhana, a negritude aparece (enquanto mitologia) como um discurso imaginado em volta de um silêncio, um cheio em volta de um vazio. Esse vazio e esse silêncio escondem um segredo que se cala na negritude tagarela num outro terreno, o da política negra africana de Senghor, herói da francofonia colonial (MÉNIL, 1981, p. 95).

Para enfrentar e combater a ideologia racista ocidental, um caminho diferente do da *negritude* é possível. O caminho da recusa: por que combater uma mitologia por uma duplicação – uma sobreposição? Esse outro caminho, excêntrico em relação ao campo mitológico, distancia-se e rompe com o modo de pensamento cuja norma é confundir efeito e causa, resultado e origem, subjetivo e objetivo.

É verdade, objetivamente, que os negros colonizados são oprimidos na sua cor porque o são como indivíduos e povos. Mas o erro, mitológico, é afirmar a opressão *por causa de sua raça*. Os negros não foram colonizados porque são negros; ao contrário, na tomada de suas terras e na expropriação de sua força de trabalho, com vista à expansão colonial, é que se tornaram pretos.

Se existe um complexo de inferioridade do negro, ele é consequência de um duplo processo: inferiorização econômica antes, epidermização dela em seguida.

Vocabulário crítico

Aculturação: Conceito muito controvertido, significa essencialmente que, na situação de contato entre portadores de culturas diferentes, elas influenciam-se reciprocamente, o que sem dúvida as modifica, se o tempo for suficiente. Georges Balandier faz uma severa crítica ao conceito, mostrando que na situação colonial, caracterizada por uma *relação de forças* onde há mais imposição de uma cultura do que reciprocidade, a aculturação quase não existe, mas sim o que ele chama de *déculturation* (desculturação).

Alienação: Estado do indivíduo em que, por fatores externos (econômicos, sociais, históricos, políticos ou religiosos), não mais dispõe de si, passando a ser tratado como objeto. Consequentemente, o indivíduo assim considerado torna-se escravo das coisas.

Ancestral: Na concepção negra africana, o clã, a linhagem, a família, a etnia são uniões dos vivos e dos mortos. Entre os mortos há defuntos comuns e ancestrais. Estes últimos são os mortos que durante a vida tiveram uma posição social destacada, um rei, um chefe de etnia, um fundador de clã, etc. Origem de vida e prosperidade, ponto fixo de referência, o ancestral está sempre presente na memória de seus descendentes através do culto que deles recebe. São representados materialmente por estátuas, pedras e outros monumentos, de acordo com a diversidade cultural africana.

Assimilação cultural: Na política colonial praticada na África, é o processo pelo qual o negro colonizado devia adotar a cultura do branco colonizador, para nela se integrar. Essa política não passou de uma mistificação, pois o negro assimilou a cultura do branco, mas o oposto não aconteceu.

Circuncisão: Prática social que consiste na ablação do prepúcio. Embora a noção de sua origem não seja muito clara, a circuncisão é conhecida em quase todas as regiões da África. Entre as populações do ocidente africano, particularmente as sudanesas, o homem deve ser desfeito do prepúcio, que é seu suporte masculino.

Civilização: No fim do século XIX e no início do século XX, quando se dizia *civilização dos povos da África*, entendia-se a ação de civilizar aqueles povos. O conceito naquela época só podia ser europeu. Aqui é empregado no sentido antropológico, isto é, científico. Descritivo e analítico, situa-se no domínio cultural. Como a cultura, a civilização é feita de objetos fabricados pelo homem, de comportamentos institucionalizados e de representações coletivas. Enquanto a cultura é a herança de uma sociedade global determinada, uma civilização não é representativa de uma sociedade particular, pois reúne as culturas que realizam o mesmo modelo.

Cultura: Herança coletiva de uma sociedade, a cultura é o conjunto de objetos materiais que permitem ao grupo assegurar a sua vida cotidiana, de instituições que coordenam as atividades dos membros do grupo, de representações coletivas que constituem uma concepção do mundo, uma moral, uma arte. E esse conjunto é transmitido de geração a geração, para cada membro da sociedade, através do processo educativo.

Descolonização: Processo histórico essencialmente político, verificado sobretudo depois da Segunda Guerra Mundial, que consistia na conquista gradativa da independência por parte das colônias europeias. Atualmente, o uso generalizado deste conceito está sujeito à crítica. Segundo alguns autores, a descolonização implica uma independência pacífica outorgada, enquanto a libertação supõe-se na conquistada geralmente pela violência.

Diáspora: Originalmente, a palavra foi usada para designar o estabelecimento dos judeus fora de sua pátria, à qual se acham vinculados por fortes laços históricos, culturais e religiosos. Por extensão, o conceito também é utilizado para designar os negros de origem africana deportados para outros continentes e seus descendentes (os filhos dos escravos na América, etc.).

Dote: Bem material de caráter simbólico usado nas transações matrimoniais. Na África negra, esses bens são entregues à família da noiva pela família do noivo e constituem, entre outros, a prova do casamento, o símbolo da aliança entre duas famílias e da troca de mulheres. Têm geralmente um valor sagrado, pois simbolizam também a união entre os seus mortos.

Egiptologia: Ciência que trata do Egito antigo.

Epistemologia: Do grego *episteme*, é o estudo crítico e reflexivo dos princípios, dos pressupostos e da estrutura das diversas ciências, parte da filosofia científica.

Evolucionismo: Teoria sobre a evolução das espécies humanas. Desenvolvido a partir da biologia, o conceito ultrapassa suas fronteiras e foi aplicado à antropologia, às ciências sociais e à própria filosofia. Está empregado aqui no sentido sociocultural. Essencialmente admitindo as ideias pré-revolucionistas de Herder e Bastian sobre a unidade psíquica da humanidade e a de progresso, tão cara aos vitorianos, os evolucionistas socioculturais buscaram demonstrar que, em toda parte, desde as origens e em qualquer setor da vida, o homem passava pelos estágios da selvageria e da barbárie até atingir a civilização (considerada a da Europa ocidental do século XIX). Usavam em seus trabalhos o método comparativo, indo buscar elementos nas culturas mais diversas e procurando arrumá-los em uma sequência que julgavam ser histórica, segundo uma linha única da evolução.

Excisão: Correspondente feminino da circuncisão, consiste na ablação do clitóris em certas regiões da África. Interpretada ora como um meio de aumentar a fecundidade, ora como uma preparação ao casamento, a excisão é acompanhada de ensinamento de ordem sexual e moral.

Força vital: Na concepção negra africana, o mundo é um conjunto de forças hierarquizadas, entre as quais circula uma energia: a força vital. Por práticas mágicas religiosas, ela pode ser aumentada ou diminuída.

Uma das preocupações dos povos negros é aumentá-las, pois é fonte de prosperidade, felicidade, riqueza, poder, etc. A força vem dos deuses e é distribuída pelos ancestrais aos reis e aos chefes de etnia, clã, linhagem, família, que a distribuem, por sua vez, aos mais jovens do grupo.

Identidade cultural: Conceito que se usa muito hoje sem saber no fundo o que é. A identidade objetiva, apresentada através das características culturais e linguísticas analisadas pelo cientista social, muitas vezes confunde-se com a subjetiva, que seria a maneira pela qual o próprio grupo define-se e é definido por outros. Os fatores históricos, linguísticos e psicológicos fazem parte dos componentes essenciais de uma identidade ou de uma personalidade coletiva.

Ideologia: a) No sentido geral, é um sistema de ideias comuns a um grupo determinado e condicionado, em última análise, pelos seus centros de interesse. Nesse sentido, a ideologia confunde-se com o conjunto das concepções e representações que servem de expressão a uma entidade coletiva; b) no sentido restrito, torna-se um feixe de ideias-força susceptível não apenas de justificar um ponto de vista, mas também de animar um movimento (ideologia marxista, cristã, etc.). Nesse nível, ela manifesta sempre um deslocamento em relação ao real, um desvio entre as promessas das ideias e sua atualização; c) no limite e numa ótica pejorativa, a ideologia não é nada mais que engano consciente, mentira intencional, pensamento hipócrita, com disse Marx, uma *mistificação;* é, também, um conhecimento deformado, muito atrasado ou adiantado em relação ao meio onde pretende inserir-se.

Iluminista: Filósofo ou pensador pertencente ao iluminismo, movimento cultural-filosófico desenvolvido no decorrer do século XVIII, chamado de século das luzes. É caracterizado pelo esforço consciente de valorização da razão e do abandono de preconceitos tradicionais, objetivando, na prática, a crença no progresso dos múltiplos setores da atividade humana. Devem-se aos iluministas os primeiros passos daquilo que se chama hoje *ideologia do desenvolvimento internacional.* Seu discurso foi também legitimador da colonização.

Linhagem: Em todas as sociedades tradicionais da África negra, a linhagem é um grupo de solidariedade que congrega todos aqueles que descendem de um ancestral comum. Ela é patrilateral ou matrilateral, se os membros descendem de um ancestral comum masculino ou feminino. Fundamenta-se no parentesco pela consanguinidade.

Ontologia: Especulação que trata especialmente da natureza do ser humano, isto é, da realidade em abstrato. Os seres, mesmo os espirituais, devem ter certas propriedades gerais, como existência, possibilidade, duração, unidade, valor, etc. O estudo das propriedades das coisas materiais ou imateriais constitui o objeto da ontologia.

Referências

BIMWENYI-KWESHI, O. *Discours théologiques negro-africaines; problèmes de fondements*. Louvain: Université Catholique de Louvain, 1977.

CABRAL, Amílcar. *Unité et lutte*. Paris: Maspero, 1980. (Petite Collection).

CÉSAIRE, Aimé. *Le discours sur la Negritude*. Première conférence hémisphérique des peuples noirs de la diáspora en hommage a Aimé Césaire "Negritude, Ethnicity and Afro Cultures in the Américas", Miami, 1987, p. 5-33.

COHEN, Wiliam B. *Français et africains; les noirs dans le regard des blancs 1530/1880*. Paris: Gallimard, 1981.

DIOP, Cheikh Anta. *Civilisation ou barbarie*. Paris: Présence Africaine, 1981.

DIOP, Cheikh Anta. *Nations nègres et cultures*. Paris: Présence Africaine, 1979.

DIOP, Cheikh Anta. *Unité culturelle de l'Afrique noire*. Paris: Présence Africaine, 1959.

DU BOIS, W. E. B. Ames noires. In: BIMWENYI-KWESHI, O. *Discours théologiques negro-africaines; problèmes de fondements*. Louvain: Université Catholique de Louvain, 1977.

DUCHET, Michel. *Anthropologie et histoire au siècle des lumières*. Paris: Maspero, 1971.

FERNANDES, Florestan. *A integração do negro na sociedade de classe*. São Paulo: Dominus, 1966.

FRY, Peter. *Para inglês ver: identidade e política na cultura brasileira*. Rio de Janeiro: Zahar, 1982.

IANNI, Octávio. *A metamorfose do escravo*. São Paulo: Difusão Europeia do Livro, 1962.

HALBWACHS, Maurice. *La mémoire collective*. Paris: PUF, 1968.

HALBWACHS, Maurice. *Les cadres sociaux de la mémoire*. Paris: PUF, 1952.

LECHERBONNIER, B. *Initiation a la littérature negro-africaine*. Paris: Fernand Nathan, 1977. (Classique du Monde).

MAQUET, Jacques. *Africanité traditionnelle et moderne*. Paris: Présence Africaine, 1967.

MAQUET, Jacques. *Les civilisations noires*. Paris: Marabout, 1981.

MARGARIDO, Alfredo. *Negritude e humanismo*. Lisboa: Casa dos Estudantes do Império, 1964.

MÉNIL, René. *Tracées: identité, négritude, esthétique aux Antilles*. Paris: Robert Laffont, 1981.

MUNANGA, Kabengele. Construção da identidade negra: diversidade de contextos e problemas ideológicos. In: CONSORTE, Josildeth Gomes; COSTA, Márcia Regina da (Orgs.). *Religião, política, identidade*. São Paulo: Educ-séries Cadernos PUC, 1988. p.143-146.

MUNANGA, Kabengele. O universo cultural africano. *Fundação João Pinheiro*, Belo Horizonte, 14 (7, 8, 9, 10), p. 64-7, jul., ago., set., out., 1985.

MUNANGA, Kabengele. *Revista de Antropologia*, São Paulo, 21, 2ª p., 1978.

OBENGA, Théophile. *L'Afrique dans l' antiquité; Egypte pharaonique/Afrique noire*. Paris: Présence Africaine, 1973.

PEREIRA, João Baptista Borges. A cultura negra, resistência da cultura a cultura da resistência. *Dédalo*, n. 23, p. 177-187.

PEREIRA, João Baptista Borges. A folclorização da cultura negra no Brasil. In: PAULA, Eurípedes Simões de. *In memoriam*. São Paulo: USP, 1983, p. 93-105.

PEREIRA, João Baptista Borges. Brancos e negros no Brasil: questão de raça, questão de classe. In: D'INCAO, Maria Ângela (Org.). *O saber militante – ensaios sobre Florestan Fernandes*. São Paulo: Paz e Terra/Unesp, 1987, p.151-162.

SARTRE, Jean-Paul. O orfeu negro. In: *Reflexões sobre o racismo*. 2. ed. São Paulo: Difel,1960. p. 105-149.

TOWA, Marcien. *Léopold Sédar Senghor: negritude ou servitude?* Yaoundé, Ed.Clé, 1971.

Bibliografia comentada

ADOTEVI, Stanislas. *Négritude et négrologues*. Paris: Union Générale d'Editions, 1972. Além de ser uma série crítica à antropologia colonial, este livro deve ser considerado como dos maiores questionadores da *negritude* senghoriana, particularmente no que diz respeito aos vínculos políticos entre ela e o neocolonialismo na África.

BERND, Zilá. *A questão da negritude*. São Paulo: Brasiliense, 1984. (Col. Qualé). Com base na literatura negra, a autora aborda o conceito de *negritude* e o itinerário intelectual percorrido. Coloca a questão no Brasil, rediscute seu conteúdo e arrisca nova perspectiva de conceituação com a negritude.

FANON, Frantz. *Peau noire, masques blancs*. Paris: Editions Seuil, 1952. Neste livro-ensaio, uma tentativa de compreensão das relações entre negros e brancos, o autor mostra como o branco é preso à sua *branquitude* e o negro à *negritude*. A saída, segundo ele estaria na recusa dos dois narcisismos (branco e negro) e na tomada de consciência dos fatores históricos e socioeconômicos. Critica a *negritude* de Senghor e outros protagonistas.

MARGARIDO, Alfredo. *Negritude e humanismo*. Lisboa: Casa dos Estudantes do Império, 1964. Críticas às considerações irracionais contidas na *negritude* de Césaire e Senghor a Jean-Paul Sartre e outros autores. O autor redimensiona os elementos constitutivos da *negritude* que, segundo ele, não são exclusividade do mundo negro.

MEMMI, Albert. *Retrato do colonizado precedido pelo retrato do colonizador (1957)*. Rio de Janeiro: Paz e Terra, 1967. Este livro baseou-se na própria experiência do autor, que viveu a realidade colonial de seu país, a Tunísia. Albert Memmi mostra a situação colonial formando colonizadores e colonizados; o colonizador, para justificar e legitimar a exploração e o assalto do colonizado alienado acaba por assumir essa imagem estereotipada e, consequentemente, reassume suas raízes socioculturais. Daí a questão da identidade, um dos objetivos fundamentais da *negritude*.

MÉNIL, René. *Tracés: identité, négritude, esthétique aux Antilles*. Paris: Robert Laffont, 1981. O autor critica a *negritude* senghoriana, que, segundo sua própria expressão, é o espectro de Arthur Gobineau. Com apoio nos textos de dois autores (Senghor e Gobineau), mostra como a *negritude*, construção mitológica baseada no racismo branco, é incapaz de resolver os problemas fundamentais do negro e romper a ideologia racial precedente.

NASCIMENTO, Elisa Larkin. *Pan-africanismo na América do sul*. Petrópolis: Vozes, 1981. Abordagem histórica e sociológica do racismo antinegro e, consequentemente, do surgimento do pan-africanismo e da *negritude* nas Américas e na África. O livro reserva um espaço importante à questão do negro brasileiro, enfocando, entre outros, o problema da negritude e da luta do negro contra as barreiras sociopolíticas e a discriminação racial.

SARTRE, Jean-Paul. Orfeu negro. In: *Reflexão sobre o racismo*. 2. ed., São Paulo: Difel, 1960. Orfeu negro é um ensaio que foi primitivamente publicado como prefácio à *Anthologie de la nouvelle poésie nègre et malgache*, organizada por Léopold Sédar Senghor. Neste ensaio Sartre deu à teoria da negritude seu estatuto filosófico e significado político e revolucionário, enquanto instrumento de combate à dominação colonial.

SOUZA, Neusa Santos. *Tornar-se negro*. Rio de Janeiro: Graal, 1983. Abordagem psicológica da questão racial do Brasil. Enfoca as representações coletivas sobre o negro, particularmente os autoestereótipos e o problema da identidade negra, um dos pontos centrais da *negritude*.

SOW, I. Alpha; BALOGUN, Ola; AGUESSY, Honorat; DIAGNE, Pathé. *Introdução à cultura africana (1977)*. Lisboa: Edições 70, 1980. Além de ser uma introdução a alguns elementos das culturas africanas, como a arte e a oralidade, o livro reserva um capítulo a teorias e movimentos negros (panegrismo ou pan-africanismo, *negritude*, etc.).

THOMAS, L. Vincent. *Les idéologies négro-africaines d'aujourdhui*. Paris: Libraire A. G. Nizet, s/d. Este livro constitui uma das melhores introduções às ideologias negras africanas resultadas da colonização ou do contato com a civilização ocidental: a negritude, o socialismo e o nacionalismo. Além de ser exegeta da *negritude*, o autor sintetiza as críticas geralmente encontradas em outros autores.

Conheça outros títulos da
Coleção Cultura Negra e Identidades

- **A consciência do impacto nas obras de Cruz e Sousa e de Lima Barreto**
Cuti
A proposta da aproximação das obras de Cruz e Sousa e Lima Barreto, tão diversificadas e complexas, serviu para a elaboração deste livro, como meio para trilhar o caminho inverso que costumeiramente busca a diferença entre a experiência subjetiva do negro e do mulato no campo da criação literária, bem como para manter afastados os gêneros. O que se pretende elucidar nas páginas deste livro é que, considerando não terem as obras trafegado à margem do campo minado pela escravidão e pelo racismo, o sujeito étnico percorre seus textos criando uma tensão com o discurso racial dominante, numa oposição direta ou indireta. Essa tensão caracteriza um momento importante da evolução de uma negrobrasilidade literária.
O estudo aqui apresentado aponta para as semelhanças da funcionalidade do sujeito étnico nas obras dos dois autores. E mais: destaca os trechos de maior relevância para o debate racial, refletindo como a ausência aparente deste não exclui sua presença metaforizada, mas latente.

- **Afirmando direitos – Acesso e permanência de jovens negros na universidade**
Nilma Lino Gomes, Aracy Alves Martins
As políticas de Ações Afirmativas, dentro das quais se insere o Programa Ações Afirmativas na UFMG, apresentado e discutido neste livro, exigem uma mudança de postura do Estado, da universidade e da sociedade de

um modo geral para com a situação de desigualdade social e racial vivida historicamente pelo segmento negro da população brasileira. A concretização da igualdade racial e da justiça social precisa deixar de fazer parte somente do discurso da nossa sociedade e se tornar, de fato, iniciativas reais e concretas, aqui e agora.

- **Afro-descendência em *Cadernos Negros* e *Jornal do MNU***
Florentina da Silva Souza
A escolha de uma produção textual que se define como "negra", como objeto de estudo, evidencia a opção por lidar mais detidamente com outra parte da formação identitária da autora, o afro, marcado pela cor da pele e pela necessidade de tornar patente a impossibilidade da transparência. Os textos de Sociologia, História, Antropologia, Estudos Culturais, Estudos Pós-coloniais e Black Studies se entrecruzam com debates, reflexões, aulas, seminários, leituras e discursos vários, dos quais se apropria este livro, atribuindo-lhes valores diferenciados – uma apropriação que faz adaptações e realça o que se configura pertinente para o estudo dos periódicos, explorando as possibilidades de remoldar e trair ou abandonar ideias e conceitos que não se enquadrem nas nuances aqui evidenciadas.

- **Decolonialidade e pensamento afrodiaspórico**
Joaze Bernardino-Costa, Nelson Maldonado-Torres, Ramón Grosfoguel
Este livro constitui-se em um esforço de construção de um diálogo horizontal entre teóricos(as) decoloniais, feministas negras, intelectuais/ativistas antirracistas e negros(as). Adotando uma noção ampla de decolonialidade, os autores reconhecem o posicionamento decolonial nos processos de resistência e reexistência das populações afrodiaspóricas brasileira, caribenha, norte-americana e africana. Fundamental para tais processos é a afirmação corpo-geopolítica dessas populações, a partir da qual outros conhecimentos, novas formas de existência e projetos políticos têm sido elaborados. Uma das pretensões deste livro é se tornar uma plataforma aberta ao debate, inspirando e recebendo as contribuições da nova geração de estudantes negros(as) que estão colorindo as universidades brasileiras, que, até bem pouco tempo atrás, eram quase completamente brancas.

- **Diversidade, espaço e relações étnico-raciais: o negro na Geografia do Brasil**
Renato Emerson dos Santos (Org.)
A produção de uma imagem de território que remete exclusivamente à colonização pela imigração europeia oculta a presença negra, apaga a escravidão da história da região e autoriza, assim, violências diversas. Como solução para esse entendimento fragmentado, os autores desta coletânea apresentam artigos que mostram as múltiplas possibilidades de formação do conhecimento que a Geografia permite ao contemplar o Brasil em sua totalidade e diversidade de povos. Para isso, acenam para a importância do ensino da Geografia, que tem imensa responsabilidade social porque informa as pessoas sobre o país em que elas não apenas vivem, mas também ajudam a construir.

- **Educação e raça – Perspectivas políticas, pedagógicas e estéticas**
Anete Abramowicz, Nilma Lino Gomes (Orgs.)
Este livro mapeia um dos temas educacionais mais importantes da atualidade: as relações étnico-raciais na educação. Os autores refletem sobre a diversidade étnico-racial dentro da sociedade, da universidade e da educação básica por meio de opiniões, interpretações e relatos de pesquisas sobre o tema.
Como conciliar raça, educação e nação? Quem é o "Outro" na educação? Como se constitui o "Outro" no processo de produção das identidades? O que significa a experiência racial? Quais as possibilidades teóricas e práticas de pensar a realidade social a partir da ideia de raça? Como estabelecer a relação entre escola, currículo e relações étnico-raciais? Essas são algumas das questões analisadas nesta obra fundamental para aqueles que pretendem enfrentar o complexo debate sobre a diferença, as desigualdades e as redes sociais sob a perspectiva racial.

- **Experiências étnico-culturais para a formação da professores**
Nilma Lino Gomes, Petronilha Beatriz Gonçalves e Silva (Orgs.)
Pesquisadores e pesquisadoras, nacionais e estrangeiros(as), projetam suas interpretações sobre uma questão que está no centro das atenções de grupos de militância, estudiosos e políticos: a diversidade étnico-cultural. Dirigido de maneira especial aos professores

e à sua formação, este livro é indispensável para o debate sobre a educação e os processos de busca de identidade, nos quais estarão sempre presentes as tensões, os conflitos e as negociações entre os semelhantes e os diferentes.

- **Literaturas africanas e afro-brasileira na prática pedagógica**
Iris Maria da Costa Amâncio, Nilma Lino Gomes, Miriam Lúcia dos Santos Jorge, Nilma Lino Gomes
Esta obra propõe ao docente uma postura pedagógica mais responsável, que privilegie o diálogo intercultural e supere preconceitos e estereótipos. Para isso, as autoras mostram ao professor e à professora as contribuições das literaturas africanas e afro-brasileira na prática pedagógica.
O universo literário africano como ferramenta para a efetivação da Lei nº 10.639/03 é o cerne deste livro, que parte da necessidade de uma educação da diferença para apresentar aos leitores as pesquisas que caminham nesse sentido no campo educacional e chamar a atenção para a importância de investir na educação como direito social.
Até quando os cursos de Pedagogia e de licenciatura continuarão negando ou omitindo a inclusão do conteúdo da Lei nº 10.639/03 em seus currículos? O que fazer diante das lacunas que comprometem a implantação dessa lei? Essas são algumas das questões tratadas nesta obra, que busca analisar como têm sido os cursos de formação inicial de professores quando o assunto é a discussão sobre África e questões afro-brasileiras.

- **O drama racial de crianças brasileiras – Socialização entre pares e preconceito**
Rita de Cássia Fazzi
O tema central deste livro é o preconceito racial na infância. Entender como crianças, em suas relações entre si, constroem uma realidade preconceituosa é de fundamental importância para a compreensão da ordem racial desigual existente no Brasil. É este o objetivo deste trabalho: descobrir, em termos sociológicos, a teoria do preconceito racial, sugerida pela forma como as crianças observadas estão elaborando suas próprias experiências raciais. A conquista da igualdade racial passa pelo estudo dos mecanismos discriminatórios atuantes na sociedade brasileira.

- **O jogo das diferenças – O multiculturalismo e seus contextos**
  Luiz Alberto Oliveira Gonçalves, Petronilha Beatriz Gonçalves e Silva
  Neste livro, Luiz Alberto Oliveira Gonçalves e Petronilha B. Gonçalves falam sobre o direito à diferença, buscando compreender, na cena social, os diversos significados de multiculturalismo. Os autores observam conceitos como "discriminação", "preconceito" e "politicamente correto" e constatam que as regras desse "jogo das diferenças" estão em constante mudança.

- **Os filhos da África em Portugal – Antropologia, multiculturalidade e educação**
  Neusa Maria Mendes de Gusmão
  Ao eleger crianças e jovens africanos e luso-africanos como sujeitos do olhar, este livro assumiu, como tema central, a condição étnica decorrente da origem e da cor. A mesma razão tornou significativo o desvendar das estratégias de sobrevivência dos indivíduos e grupos frente a crises, dificuldades e rupturas que vivenciam como comunidade ou como membro de um grupo particular, no interior do qual os mecanismos de convivência étnica e racial são elaborados e transformados pelo contato com a sociedade nacional em que se insere.

- **Os guardiões de sonhos – O ensino bem-sucedido de crianças afro-americanas**
  Gloria Ladson-Billings (autoria), Cristina Antunes (tradução)
  Formadores de professores multiculturais considerarão este livro um útil complemento à literatura sobre questões curriculares e educacionais relacionadas aos alunos afro-americanos. Professores atuantes e professores em formação terão uma oportunidade de criar estratégias e técnicas apropriadas para suas próprias salas de aula, com base naquelas que são mostradas neste livro. Pais e membros da comunidade serão capazes de usar o livro como um "tema de discussão" para ajudar a esboçar a redefinição de escolas comunitárias que melhor se adaptem às necessidades de seus alunos.
  Um problema específico, como a educação, não pode se sustentar sozinho; de preferência, deve estar vinculado a questões mais amplas, como defesa nacional, competitividade econômica ou cri-

minalidade. Neste livro, a autora busca reformular o que tem sido considerado o problema do ensino de afro-americanos dentro da promessa de uma prática bem-sucedida, e o problema de nossa incapacidade de refletir sobre como podemos aprender com esse sucesso.

- **Racismo em livros didáticos – Estudo sobre negros e brancos em livros de Língua Portuguesa**
Paulo Vinicius Baptista da Silva

Por que tem sido tão difícil alterar as representações de negros(as) e brancos(as) nos livros didáticos brasileiros? A partir desse questionamento, Paulo Vinicius Baptista da Silva apresenta uma análise dos discursos sobre os segmentos raciais negros e brancos em livros didáticos de Língua Portuguesa. Os livros destinam-se ao ensino fundamental brasileiro e foram produzidos no período entre 1975 e 2003, e, apesar do intervalo cronológico, o que se constata é que nossas crianças têm acesso a uma informação estereotipada, de caráter preconceituoso.

O que mudou nesses discursos que estampam as páginas dos livros didáticos e perpetuam uma interpretação equivocada por parte dos alunos, de si, do outro e da sociedade? Isso é o que mostra o autor, atento às lacunas nos conhecimentos acadêmicos acumulados sobre o tema, à intensa mobilização social e aos equívocos e descaminhos das ações governamentais referentes à questão.

- **Rediscutindo a mestiçagem no Brasil – Identidade nacional *versus* identidade negra**
Kabengele Munanga

É à luz do discurso pluralista emergente (multiculturalismo, pluriculturalismo) que a presente obra recoloca em discussão os verdadeiros fundamentos da identidade nacional brasileira, convidando estudiosos da questão para rediscuti-la e melhor entender por que as chamadas minorias, que na realidade constituem maiorias silenciadas, não são capazes de construir identidades políticas verdadeiramente mobilizadoras. Essa discussão não pode ser sustentada sem colocar no bojo da questão o ideal do branqueamento materializado pela mestiçagem e seus fantasmas.

- **Sem perder a raiz – Corpo e cabelo como símbolos da identidade negra**
Nilma Lino Gomes
O cabelo é analisado na obra de Nilma Lino Gomes não apenas como parte do corpo individual e biológico, mas, sobretudo, como corpo social e linguagem, como veículo de expressão e símbolo de resistência cultural. É nessa direção que ela interpreta a ação e as atividades desenvolvidas nos salões étnicos de Belo Horizonte a partir da manipulação do cabelo crespo, baseando-se nos penteados de origem étnica africana, recriados e reinterpretados, como formas de expressão estética e identitária negra. A conscientização sobre as possibilidades positivas do seu cabelo oferece uma notável contribuição no processo de reabilitação do corpo negro e na reversão das representações negativas presentes no imaginário herdado de uma cultura racista.

- **Tecendo redes antirracistas – Áfricas, Brasis, Portugal**
Anderson Ribeiro Oliva, Marjorie Nogueira Chaves, Renísia Cristina Garcia Filice, wanderson flor do nascimento (Orgs.)
Seguindo a proposta do I Seminário Internacional Tecendo Redes Antirracistas: África(s), Brasil, Portugal, este livro traz uma série de textos que buscam produzir reflexões sobre o racismo experimentado em países de língua portuguesa nos continentes africano, sul-americano e europeu. Essas reflexões se posicionam como ferramentas para o enfrentamento ao fenômeno persistente do racismo, que, longe de ser apenas um elemento estruturante das experiências da Modernidade, tem se intensificado nos últimos anos e mostrado que não se trata somente de um fato do passado colonial. A diversidade advinda dos três continentes faz deste livro uma ferramenta ímpar, necessária para um olhar comparativo, transnacional e transcontinental sobre as diferentes experiências com e contra o racismo, espinha dorsal do mundo moderno.

- **Um olhar além das fronteiras – Educação e relações raciais**
Nilma Lino Gomes (Org.)
O diálogo além das fronteiras realizado neste livro está alicerçado em um dos ensinamentos de Paulo Freire: para o filósofo, o foco de uma

das nossas brigas como seres humanos deve ser diminuir as razões objetivas para a desesperança que nos imobiliza. Nesse sentido, a recusa ao fatalismo cínico e imobilizante pregado pelo contexto neoliberal, pela globalização capitalista e pela desigualdade social e racial deve se pautar em uma postura epistemológica e política criticamente esperançosa.

Este livro foi composto com tipografia Minion Pro e impresso
em papel Off-White 80 g/m² na Formato Artes Gráficas.